心安之处是故乡

花如掌灯 著

北京联合出版公司
Beijing United Publishing Co.,Ltd.

目　录
Contents

心安之处是故乡

自序

兰缘

有人觉得兰有些雅，事实是许多人并没见过兰草。世上万般草大概有两种叶型，一种是披针叶，就是叶形如麦子、韭菜、大蒜那种形状，还有一种是阔叶。披针叶是更像草的草，阔叶是草叶像树叶。很多人把君子兰、吊兰甚至米兰当作兰，那是错的，这些有兰名的并不是兰科植物。兰科植物几万种，常见的天麻、铁皮枫斗倒是。认兰科植物很简单，有三个特征:披针叶、肉质根、假鳞茎。根肉白如蚯蚓，铁皮枫斗的根哪怕细如棉纱线，也是肉白的，这样的根要透气，如果湿度够，兰草可以裸根种植，餐风饮露。有长在树上的兰，大多数的根只在树缝中嵌爬而已，所以种兰要用透气的土，它要呼吸。假鳞茎是小蒜头一样的根球，往上长叶，往下生根，是存贮养分的，兰草种得好不好，不看根壮叶茂，看假鳞茎鼓不鼓。周作人写过一篇兰花的文章，说外国人把兰叫作“俄耳吉斯”，翻译过来就是睾丸，说的就是假鳞茎，所以人家并不以兰为雅，在他们眼里兰草就是睾丸草。

中国之外的兰草不香，洋兰叶粗阔花艳丽，就是不香。中国的兰草，草纤细花素雅，有异香。日本韩国原生的兰草虽也叶纤细花素雅，但也不香，徒有中国兰的形，没有洋兰艳丽的色，很怪的一桩事。所以全世界观赏兰花分两大类：中国兰、洋兰。纤弱常青幽香的兰草原生的只中国有，应当叫作汉草。

宋朝的黄庭坚用现在的话来说是很潮的一个人，香道、茶道、书法、文章，凡雅事都热衷，他异想天开地说："一茎一花谓之兰，一茎多花称之蕙。"从此为兰蕙定了名。屈原《离骚》中的"滋兰九畹，树蕙百亩"的兰蕙之说，有一种说法认为不是黄庭坚的那种兰蕙，而是一种菊科的香草，如今还有人叫泽兰，也叫零陵香。黄庭坚说的兰蕙指现在的春兰与蕙兰。中国兰的祖地在浙江绍兴的兰诸山，勾践兵败在兰诸山卧薪尝胆，命军士遍山种兰，砥砺意志，卧的薪是道具之一，尝的胆是道具之二，种的兰是道具之三。后人为纪念这件事，在山下修兰亭，到晋朝王羲之，令兰亭名存千古。而勾践种的兰草，至今兰诸山上还零星活着。中国兰分春、蕙、建、墨、寒，遍生东西南北。浙江人喜种春兰，江苏人喜种蕙兰，俗称江浙兰蕙。勾践之草是春兰，中国画古往今来"撇"的兰大多也是春兰，也有蕙，蕙一茎九花，秆高花轩昂，称草中士大夫。

认识兰草四十多年了。我小舅在麻地里挖到一只青花笔架，拿来送给我，他觉得我有文化，这个用得着。听我说地球是圆的之后，他大笑："地球是圆的，人如何站得牢？"那是 1976 年吧，对于我们这些家在僻壤连海岛都没出过的人来说，知识像是鸿蒙初辟，时时有这样的惊喜。

山野有兰，至今还有。那时秋冬山上的柴草都被斫光，用作山下村民的一年之炊。连枯落的松针都被耙走，露出地衣青苔，苔藓在深冬有翠色，有一个别致的名字叫翠云草。兰与翠云草相伴而生，四季常绿又低矮扑地，算不上柴火，斫柴人是不要的。割柴后的和尚山特别干净，松林下枯草尽去，山顶有巨石，爬上石头在山顶晒太阳，仰面躺着，蓝天白云，这样躺着能听到山下的鸡叫和小孩的啼哭。春兰挨着正月开花，松风中会有暗香袭来，顽童就循香去找，把大不盈寸的兰朵一枝枝采来，直到双手满握。采来也没有用，养在碗里，姐妹姨婶们看见，偶尔拿一枝闻闻，插在发髻间，青绿的花不惹眼。藏在口袋或者袖口里，有香也是自己闻。大太阳光底下风也大，兰香无踪，但和尚山是香的，和尚山顶多兰。李渔兰溪的芥子园，有一佩兰亭，春和景明时节，他的女人们都是喜欢佩兰的。

二十几岁那些年，我们找不到对象，有一年过年相约到和尚山采兰，建跃、徐锋、全吉、炜君和我。那一次我把一枝兰花夹在《现代汉语常用词词典》里，三十年后整理书架，那枝兰花还在，干枯但没失形，压得扁扁的，如兰花的影子。三十年间我没翻过词典，我只有一本词典。建跃现在成了新华书店经理，徐锋是岛城名画家了，全吉去了杭州做了群文专家，一晃三十多年了。

我小舅有一年把和尚山采来的兰花种在石墙下的阴沟边，几年后沟边尽是兰草，滋润丰美，花也比山兰大许多，阳光里一阴沟都香，兰是半阴植物，山上它喜欢长在岩石下与松根旁。

二十世纪九十年代末，我在一个向阳的半山里种了十八亩兰草，重芳替我管了三年，后来他耐不住寂寞逃走了，从此兰草无人管，我只好选出一些兰草在家里建棚另种，其余送给了普陀山智宗法师。法师那时候主持双泉庵，为此我还帮他物色了兰友姚师傅去替他种兰，后来又送给他一棵八十年的野山梅、一棵五十年的石榴和一园兰草。如今兰花剩了少许，梅树枯了，只有石榴树异乎寻常地发芽抽叶，人家庙里来求子，法师就挖一棵生根的旁枝相送。

野山兰草中有很好的变异品种，选出来后有人收藏，这样的人叫兰人。兰花名种收藏从元朝起就有了，最鼎盛时期是清末民初，收藏的法子类似于奇石，但兰草是活物，会生生不息。有人曾看见在闹市的公交车上，一留须老者，穿黑色对襟的衣服，圆口青布鞋，头戴斗笠，手托一钵兰草，车门开时，飘然而去，问我是不是兰人？我说不是，你看见的是扮雅的人。

一位朋友初次来我家，见墙上都是兰花开时花朵的特写照片，大惊道：你这是干什么？花是植物生殖器，挂着这样的特写并无美感，花是我们用来辨品种的。养兰的清一色都是男人，《淮南子》说“兰悦美人”，恰恰罕有女人养兰的。一个大男人，眼光天天在方寸之间的兰朵上，还要拿着放大镜看。

兰草属多年生草本，生长极为缓慢。因此养兰人大多是能耐寂寞又神经质的人。养兰风气在2007年狂起，仿佛取不义之财，有人把兰草炒到天价，转瞬又直落千丈以致崩盘。事实是，一门传统行业在科技面前被淘汰，组培、克隆与杂交使兰草异种收藏不再有意义，而兰草依然是兰草，与和尚山上开着的花一模一样。

五年前，租了一个兰花原生地又兼水边的地方，盖了一个兰园，取名彩屋草包居。天性中一直不慕雅，做人不做作，何来雅俗？

世上大多数的生命都以中彩票那样的概率繁殖后代，尤其是草……再微小的草籽也会记住自己的样子，绝不弄错，长一样的叶开一样的花。

第一辑　花事

花如雪

蔷薇嫩枝生发，爬过墙头，天暗时，逾墙的青藤爬出了傍晚。

男女、生死、日夜、动静，你都理解，因为你见过。今生你也见过，那么今生的反面呢？你没见过，你说今生没有反面。

今生一定有反面，有对应的东西，不会因为思维模式和见识而例外。今生的反面如果放在时间中，就叫前生和来生，你活着不会很“凭空”，要有前因后果。你“鲜活”地存在于今生，以“鲜活”的思维断然否认生以前和死以后，为什么要这样呢？

不妨不存任何偏见地静静想一想。

没见过杏花的我，从小就知道世上有这种花，也有许多乡间女人取名杏花。从前我一直把海棠当作杏花，直到去年家里种了两棵海棠，才知道这一弄错竟错了几十年。你见过杏花吗？料想很多人一恍惚，定定神原来也真没见过。可杏花，我们无比熟悉。

真的没见过杏花，可能海岛没杏花。有人告诉我，杏花是介于桃李梅三者之间的东西，是花是树也是果，重瓣的红梅据说就是杏与梅杂交出来的，沾了杏味的重瓣的梅花，没有了梅花的原意，看来看去再也看不出清高来。一个朋友买来一个盆景养在书桌上，就是这样的杏梅。

没见过杏花应该吃过杏，但是也没有。没见过花与树的果子吃过不少，比如榴莲。但杏是例外，介于桃子李子梅子之间的东西，味在嘴里一定很杂，这边市面上好像也没有杏子卖。

桃花的艳俗是有定论的，又一直与色情相连着。杏花不见得艳俗，而红杏出墙的景象，总要惹人往好奇处想。这其实就是民间生活的原态，寻了朴素平凡的花树做语言，很漂亮地“说”。

杏花村是另外一层意况。一个开满杏花的村，还是一个名叫杏花的村？不管是有很多杏花的村，或村的名字跟村妇的名字一样，都很美，都是因为在清明。具体的清明年年都会过，真正的清明是一个印象，清明属于岁月。

清明是烟雨，诗，酒旗，杏花村，而且不一定是江南的，可以踏青，是戏，是艳遇。

这只是清明的一半，清明的另一半是上坟，扫墓，烧纸钱。故去的亲人都住在清明，清明是阴阳无碍的日子。所有的人都在清明有一个情怀，在这一天暂时相信了今生来世。与故去亲人交往的方式除了自己亲自前往外，还有做梦和清明，所以清明是梦一样的东西。清明是大的，古今不分，阴阳不分，情绪里悲喜都有，有很清晰地活在今生今世的感觉。

进入互联网时代，人被网络绑架，悠闲没了。人对悠闲有大需求，悠闲中有光景，比如唐诗，你一定要有闲心时去读，才能读出它一层一层深深浅浅的意境。

吃为了活，为活而吃。活是本意，功利地看一切，就光为了“吃”，忽略了活，或者活得潦草极了。

譬如一潭水，雨止风息后的静水。大静生大美，宁静恍然是水的本来面目，天地山川都能倒影。人也有这样的本来面目，没有心情的失神，或者冥想，就是静水一样的状态，据说这样的冥想能滋养智慧。所有的东西都在安静里生发，比如树生根，默默地往深处去，树越大越如此。

所以我对静水与大树有好感，还有磊磊的石头。在水边坐，在树下坐，坐在石头上，学它们的冥想，常常能想明白一些事情。

小狗“药不死”常坐在地上与我对视。狗是没有表情的，眼光中也是不畏不喜的神态，这是“无我”，我就觉得它“冥想”的时候比我多。心定神宁就是智者，狗有狗的从容淡泊。大狗阿汉就没有，总是竖着耳朵听动静，一风吹草动就狂吠乱奔，心很紧，不会冥想，完全是条平凡的狗。

镜子也有冥想状，仿佛永远在凝思。我不得已非要照镜子时，下意识里不是把镜子拿过来，而是习惯自己凑过去，生怕惊动镜子。照的时候也很短，不愿意太长时间让自己成为镜子的“杂念”。又，看到自己在“别人”的杂念里，细想是件骇人的事。

静物都有冥想状，你只要一留意就能觉察。尤其是书和唱片，都沉默着，有很多意思都是存在的，只是尘封了，不看的书和不放的唱片都在冥想。冥想不是空，人活着念头不可能空，只是息一息，片刻游离。

静物中最大的冥想是天空，夜空跟人一样杂念缤纷，但突然在某一刻寂然不动，开始了冥想。秋天夜里在院中纳凉，躺在躺椅上看天，有读“天书”的感觉，身边是一口深深的井，井如我一般也读“天书”。站着看天，感觉是在冥想，其实是装模作样，因为脖子要酸。躺着就不会，看着看着无聊了，还可以睡去。据说月光能晒黑人，虽然不怕被晒黑，但因为这样的说法，就感觉月光的确在晒。月亮是个好东西，满月时你这样躺着会越看越近，烟云水一般在月面拂来又拂去，很近，伸手可及。

风一摇花满地，这棵梅树我种了七年。

旧衣衫挂在墙上蒙了尘，阳光下掸，尘如飞雪。温暖是眼里的感觉，我以为天上飞的雪是暖的。“零落成泥碾作尘”，譬如这棵梅树，一夜落尽枝头花，如千言万语。

我对自己不理解，何来何去也不知道。无端地认识了一些字，又无端地认识了一些人，又无端地经历许多琐碎的事，这都是些飘飘零零的东西，也会一夜落尽，也许没有伤感。

伤感无色，如天空飞过一群蓝鸟，与天是一样的颜色，就很不必多情。白色是有色，雪和我家的梅花都是，落下来都有倦意，是想睡眠的样子，是安逸。嗜睡如花落，思无邪，不做梦，梦是糟粕，没有质地。

其实来生真的有。

碧玉小记

四苗碧玉2002年被我带下山时，断根断叶，只剩下中间躯干，我竟把它们种活了。

我父亲住的康乐新村，原来是个采石的石宕，所以小区像个窝，与外界独路相通。常有人在小区花坛的石桌子上聚赌，这些人通常都是卖菜贩水果之流，后来人气起来了，人就越来越杂。阿二是个阉鸡的，这样的手艺虽然是祖传，到如今却不得不游手好闲。阿二喜欢热闹，又酷爱赌博，是一坐下来就要烂屁股的人，所以逢赌必输，输了也不服，就借钱再赌。阿二常借不到钱，借不到时只有向我父亲借。阿二借的虽是小钱，日积月累也有了几千元。阿二虽无奈，但他是个极要面子的人，就每天到我父亲家里来说一声，让他拖一拖，意思是说他没有忘记，他日后一定还。

阿二每天来，自然看到了父亲在院子种的兰花，阿二就“咦”，这样的东西么我家后山有很多，兰花草，阿伯我给你挖一麻袋来。阿二后来果真挖了一麻袋来，我父亲就跟阿二说，你用兰花还钱吧，一编织袋一百元。阿二大喜，就叫他老婆每天挖一袋兰花，他每天早上赌的时候带来。

阿二家住石礁蚂蟥山下，后山隔一条岭就是出黑猫、大元宝的里回峰。

有一天我在外地，父亲打电话给我，说阿二的兰花里有一个梅，我没在意。父亲是个可爱的老头，他经常把三只兰花舌头装在火柴盒里，说是剥到了一个三心蝶，不小心剥碎了，害得我种上几年空高兴一场。他哈哈大笑，非常得意。

到了晚上，我看到了四苗断根断草的兰花，草是被獐吃过的，只二寸许长，根是被锄头挖的，一锄头下去，刀切一般，也只有一寸来长。剥了一个苞，浑无杂色，通体翠绿，中宫白玉样的一团，小圆舌，一点朱红。

外翠绿如水，内玉似的白，就起了个名：碧琼。

到了2006年春，带花去参加诸暨兰展。我是懒人，拔了草去参展，展会备有盆和水苔，水苔是湿的。在展厅门口碰到冯如梅老先生，他左看右看着端详，问我现存几苗草，我说约莫二十来根的样子。老先生叹：只有这几苗？看来老头买不起。冯老先生后来一直关注着我的兰草，见一次问一次。虽然湿水苔种的花，瓣子端正不了，但还是在那次兰展上得了个银奖。

2006年秋，丁贻庆先生也引了种。后来新昌的几位做兰花生意的朋友来引种时，对碧琼这名有异议，碧琼者“必穷”也，得改改。改什么呢，姓碧没异议，琼者玉也，就改名作了碧玉。丁贻庆老先生听了很高兴，碧玉好，小家碧玉，贴切。

我开花技术不行，好花都开不出好品，有高手引去的女儿梅，开出花来我都不认识。碧玉每年开花，扑地而开，没有花秆就像个短脖子的美女。本来想寻一高手学开花技术的，后来市场一萧条，开好开坏也无人上心，就落下了。不料去年冬天奇冷，草虽介壳虫累累，但已长满大缸，半个月前突然发现花秆悄悄拉起，瓣子虽细小，骨子已满是回事了。

（2016年夏，碧玉整架子全部枯去，计四十余盆，五百多根草。从别人处引种四苗种着，又回到了十五年前。）

花 事

本打算今年息一息，不参加任何兰展，并在兰网上发了告示，说“兰农赶集我不去了”，又“谢绝来海岛看望，最近我六亲不认”。最后还是禁不住霸道的老饭软硬兼施，去江苏太仓参加了“海峡两岸蕙兰展”，又顺道去杭州“奸商”那里去拿花。半年前向“奸商”要了二十苗千岛之花，原想在开花时送人，后来因为没有心情出门，一直拖到花谢。“奸商”也是霸道的人，但半年里他耐着性子没有发作，花一直给我留着。于是这三天就一直在杭嘉湖平原上奔波。

三天的行程如果自己开车去，会变成七天，前两年也在这一带转悠过，路上看到乌镇的路牌就去乌镇住了一晚，回程开错路又到诸暨宿了一夜，没完没了，所以这次决定坐大巴。先到上海，第二天上海兰友送我去太仓，今早偷偷溜掉，不辞而别，自己到车站坐车。没赶上太仓到杭州的班车，就先到嘉兴，想转道嘉兴再到杭州。太仓到嘉兴的班车是招手即停的那种，有好几扇窗子是破的，很高兴坐在里面可以抽烟，司机能把吱吱嘎嘎作响的汽车开到八十迈，路人招手车冲过了头，他也不把车调头，直接倒车过去接。车上有两只猪，一箩小鸡，猪鸡一路叫着。

车子沿着运河兜风似的，开了三个小时。运河堤岸油菜花金黄，岸柳新碧，运河边的风灌到车里，脏得发黑的窗帘旗帜一样飞舞。一小时前刚从五星级酒店出来，突然坐在这样的车里，别人会有些不习惯，但在我这是常态。

老饭这次故作谦逊地招呼我。六年前第一次来舟山看我，带了一桌手下，摸错了路，摸到沈家门去了，我只好赶到沈家门，他大排场地宴请我，二人喝得不省人事。第二次在太仓，喝得二人从酒桌一路打到房间，他的副总柯大姐与司机抱住他不放，所以我没吃亏。

在嘉兴下车，算来算去都赶不到“奸商”那儿。的士司机告诉我，可以乘快火车，二十分钟到杭州，又告诉我，沪杭快火车的起点站在离太仓十几公里的虹桥，三十分钟到杭州，你一个小时的路程为什么四个小时后还在嘉兴？说的时候显出鄙夷口气。

“奸商”留了胡子，并且开始玩玉了，这十分好笑。七年前在萧山兰友聚会，不知为什么事我请大家在茶楼喝茶。喝到下半夜两点钟，找不到服务员买单，“奸商”说，他们萧山只要喝茶喝到下半夜，都是不用买单的。我不信，满茶楼找人付钱，他一直扮着脸陪着。结果没找着人，他说叫你别找你还不信。一年后才知这茶楼是他开的。

“奸商”问我太仓兰展如何，我实话相告，兰展展厅我没去过，没去看兰花，只见了冯老先生，殷老兄，叶老弟。

运河并不宽，隋炀帝是从洛阳一路掘过来的呢，还是江南江北大家门前一起掘？一路没东西好想，就一直想这个。

结果

桃子熟了，想不到它会结那么多的果。去年，也是这棵桃树，很大的一棵树才开了一朵花，桃花季节，只开一朵的桃花很醒目，如果一朵不开，就仿佛哑树。今年桃树竟然满树繁花，篱笆外姹紫嫣红如做戏，静静地喧闹，春色半个月，每一朵花都结了果，绿叶铺张开来，红去翠来。这一棵桃树就叫翠桃，默默地站在菜地边。我的菜地向阳，桃子坐果长得很快。

日子是每天都有的,是不会有结局的东西,人是活在日子里的,日子没有由来，一隔一隔的。所以桃子结果靠的不是日子，靠的是冷热，冷热是四季，四季也是没有由来的。

前两天与一位朋友说，日子像流水，但发生过的东西会永远存在，所以天地那么大，宇宙那么大，发生过的事情那么多，宇宙不大就放不下，所以日子越久，宇宙也越大。只要你找得到路，按理从前和未来的每一刻都是守在那里的，你笑一笑，宇宙就会大一个你笑的分寸，那个分寸被藏在日子里，放在你笑过的地方。时空就是一回事，不然桃花如何结果，照片里的桃花就不会结果。

我这样子胡说可用一句作比喻，男人是时间，女人是空间。这样的比喻要想结果，你要作情色想，不然是不会开窍的。只要不灰心,古往今来都是有的,虽然我也没见过,但说法就是听来的。

从前我家多鸟，有上千只之多。它们晚上都栖在竹院里，晨光微露时开始吵，吵作一团，满竹林都是鸟叫。竹园砍掉后，大多数鸟去寻新息处，少数怀旧的就移到两棵大桂花树上。多数是麻雀，偶尔有白头翁，鸡那么大的鹭鸶只见过两三回。

鸟叫百样，幽静的院子之所以还幽静是因为人听不懂鸟语。如果家养这么多鸡，就不知道怎么过日子了，而鸟们只是夜里来桂花树上住一夜，白天是不作兴待在树上的。鸟栖竹木，爪如钩，与人的手相反，人用力才能攥手指，鸟用力才能将爪伸开，所以能够握在树枝上安眠。鸟睡觉是合眼的，在枝上蹲着打盹。于是每晚，我家桂花树荫间，有一树的鸟在打盹，只只静静默默，我在皓月之夜，于树下常仰头驻足窥望。

刮风时鸟沐在风里，下雨时鸟淋在雨里，它躲风避雨的地方只是树，晚上飞鸟投林，又是一次吵，鸟的晨昏之吵让人心悸。世上会飞的东西站得高，日月苍茫都能看得见。

家里住着的比人多的东西不知多少种，大的是鸟，小的是蚂蚁蚊子，还有许多未见面的爬虫之类。雷雨前忽然爬出许多只蛤蟆来，半死不活地在墙角喘气。这个不要说我惊诧，连老狗阿汉也是惊诧的。而鸟，则无比熟悉。

兰

半夜给兰花浇完水，看见桂花树的树枝上有一团毛茸茸的东西，打开灯一看，原来是两只小鸟挤在一起，毛羽蓬松着，闭着眼，头颈缩着，喙藏在翅窝里睡觉。桂树几年未修剪，枝丫垂垂，这鸟就停在触手可及的地方，雪白的肚子朝外，睁了睁眼睛又闭上，困得不行，懒得理我。我一直以为鸟在树枝上睡觉是睁眼的，原来不是。用手指碰了碰鸟肚子上的白，鸟在树枝上挪了挪，照睡不误。

鸟在暗夜是不飞的，飞就会撞在树上墙上，人若凑很近去看，会发现它是真的睡着了。绕树张望，还有一只，也是这么睡着，个头要大一些，独栖。拍一张照片可不可以？不可以，闪光灯一爆，吃惊得非掉下来不可。打雷闪电那是没办法。这一对小客人第二天晚上没来，第三天晚上也没来，今天晚上风大，可能也不会来。

夏天，兰花是在半夜浇水的，兰花浇水有学问，水温与盆温差异不好太大，否则要伤根，半夜盆温降了下来，就用水淋漓地浇透。

梅与非梅

白皙的脸皮，喝酒上脑了，或是擦了胭脂，都会白里透红。雪化水，地上积不起白来，这是有莫大的委屈，红梅此时开，好歹也算雪里红梅。

不善酒的人喝醉不独脸红，脚底也红。红梅也是这样，树根也是红的。这样的刨根问底不是常识，经常把树移来移去，偶然看到的。为何蜡梅根不黄，白梅根不白，这就要多一分寻思，在人哪，梅花啊?

三个月后梅子熟，白梅成杏色，红梅的梅子有斑红。红熟的梅子不甜，也不是酸苦，是一种无味的滋味。明白天意究竟就是格物，雪里红梅无所谓有，无所谓无，无关人的痛痒。

七岁第一次看到画那种东西，那张画就是雪里红梅，梅树下一个圆脸的小姑娘，大步流星背着书包去上学，那时就立志要娶这样的女孩做老婆。如今细想，这圆脸的长相并不好看。世上没有圆形的鞋，鞋都是长的，世上的女人也没有画上的那种团脸。

雨中的梅花不好看，雪中的好看，雨中好看的是石头，个个都是干净模样。

蜡梅非梅。看不出蜡梅有喜气，但每年总是要开，开得连枝结簇，一树热闹的明黄，阴霾的雨地里很夺人眼目。湿雨，是假的雨，并未见雨丝，浓重似雾霾，水滴在蜡梅花枝上流下来，树枝的颜色冰冷。黄色是很暖的颜色，蜡梅花的黄是薄的，开得这样鲜明的意思，是断然无寒意。

每年蜡梅盛开时，总是阴雨天，喜欢在雨地里开的多是黄花，迎春花也是，油菜花也是，黄色的菊花也是。黄色的花开在雨里有亮色,但雨中黄花能让人觉得“俏”的,只有蜡梅。蜡梅不是梅，就像吊兰不是兰，爬山虎不是虎，是仿佛类似而起的名，在人那里这样起名的也有，阿狗并不是狗。

植物的名字，越莫名其妙越好听。比如天门冬，天门的冬天，天是有门的，而且冬天也有，这可以顺着念头令人寻思呆想半天。还有半夏，半夏这个名甚妙，半春半秋都不好听，独半夏有衣衫尽除赤膊的联想，有树荫下喝凉水，或大蒲扇取凉风的意境。夏天是好的，好在明白，这个明白是亮堂的感觉，因为太阳光线足，照在哪里哪里亮。半夏也是好的，把夏天掰开，如分饼，因此有两个半个，夏天也应当有两个半夏，又可作痴呆想，还有半个在哪里？半夏是草，半夏没有另外半个。智宗法师的号是半瓢，半瓢如果半得好，是尚能舀水的。

又说蜡梅的名。腊月里的梅花，腊是白，腊月是雪白的月份，冰雪之时最冷的季节。我理解的腊月是年底，腊肉腊八粥的腊，像今天这样人间烟火味最浓郁的阴雨天。蜡梅你若种过，会知道它也是讲花瓣的质地的。

花枝风中摇曳，招展是另一种状态，湿雨中久站胡子会起露，一捋一把水。如果把胡子剃掉，光光的下巴则不会湿。多余是要生出多余的。

鸟

院子里梅树上的小鸟孵出来已经半个多月了，有两只，其中一只惊恐地看着相机，眼里有令人非常惊骇的东西，陌生的东西。新生的生命，无论是草是嫩枝，或是刚睁眼的狗还是人的婴孩，都有令人不知觉的一种力量，这种力量成年人非常陌生。

自认为理性的人，其实只是经验主义者，他们的经验是狭隘的。那些站在人的立场，以他活过的岁月，以及他感知到的空间，以及以此推断出来的思想这些总和，就以为这是真理的人，我一般不会与他争论，这样的人往往是智力欠缺者。活在永恒时空中，而忽略时间永恒与空间无边的人，是一个思想被关起来的人。

任何有立场的观点，都不可能触及真理。这只雏鸟，以它的立场，能明了照相机、我以及它的照片被贴在互联网上这样的事情吗？这些事情很遥远，与它的存在毫无关联。没有意义时念头会被匪夷所思与不可思量替代。什么是有意义的呢？就是存在，以及存在下去，尽量长久以及好。

能存在是无比巨大的力量，宇宙也不过因为这一力量而延续，所以这只小鸟会有这样的眼神。此刻托起它新生的力量还没有消退，尚在永恒的庇护之中。

这只鸟的生日是十月一日。

牵 牛

乡下牵牛花是不作兴种的，因为野生就有。

稍微有块平坦的旮旯，牵牛藤就会爬满。尤其是沙石地，不长草，牵牛就不知从何处爬来，慢慢地，绿叶就把沙石旮旯铺满了。没有杂草的地方，阳光充足，牵牛会均匀地生发，干净而整齐。牵牛的根是扎在远处的，它寻到了这样一个旮旯时就停住，安顿下来，然后一日日地铺织。

如果是雨季，半个月，牵牛就能绿满这旮旯了。草有两种，一种叶子是细长状的，如针剑，茅、兰都是；一种叶子是宽阔圆头状的，车前子、牵牛都是。牵牛的叶子最圆，细细的叶柄寸把长，举着一个半圆的叶。圆叶都如手掌般托举着，常会令人想到“承露”这个词来。

牵牛是藤，想是这藤到处找空地长叶子，牛便顺藤寻来吃草叶，所以叫了牵牛。这名字起得让人产生联想，可能还跟“七夕”有关。

旮旯里的圆叶子的草，忽然有一天开出花来，人会驻足会心动。大多数的草开出的花是不太像花的，如车前子、茅草、狗尾巴，但牵牛的花的确是花。事实上，牵牛不是草名，是花名，野草开出地道而有名的花来，是会使人意外。牵牛开花有酒盏大，喇叭状，色是国画颜料花青的那种蓝，藤蔓中跳出来一般，忽地一朵。

牵牛属于“夜开花”，它开在下半夜，看见是在早上，所以牵牛花还有个名字叫朝荣。一有阳光它就蔫了，阳光移走，它再抖擞着打开，所以牵牛要在阴雨天看，尤其是在阴霾沉沉的天色下，野地里七八朵酒盏大的蓝色花醒着，会令人失神。

牵牛我无比熟悉，只是想不起它是什么季节开花的，大约是秋天吧，但好像春天也有。

清 嘉

今年的青山特别绿。

沿公路上山，雪白雪白的野栀子就在路边。野栀子俗称黄子，秋后果明黄，可作染料，干黄了的黄子碾碎和鸡蛋清，是比云南白药还好的治伤药。梅季山上最醒目的是合欢树，满树花似红云，明艳如凤凰，因此也叫凤凰花。合欢树又叫夜合树，入夜叶叶合起来，关门落锁的样子。群岛多山，山上合欢树很少，能看到它也就是现在梅雨中开花的时候。

五月桃是一种青中泛红的硬桃，桃中它最先熟，咬起来脆生生，夹酸夹甜的口感。吃这种桃子的大多是后生，不服的老太婆吃五月桃需要切开，切成一根指头粗细，用牙床啃，瘪嘴啃得满嘴口水，不好看。

路边呆坐着一对父子，一门板的桃码着，有些还夹枝带叶，老的坐在椅子上，小的坐在石头上，一样的条子衬衫，一样的光榔头，脸也一样，笔挺地坐着卖桃子，也不吆喝。公路上汽车来去很多，就是不停，一大一小两对一样的圆眼就盯着一辆一辆汽车从左到右开过，从右到左开过。自家种的桃子，路边摊，雨来时撑伞，两把一样的蓝伞都印着白字“移动通讯电话……”这父子抿着的嘴角也一样。桃子也是个个相同模样，毛毛雨时急时缓地洒落在桃子上。

“小雨毛丝嘉嘉嘉，顶好弄点 × 相相；小雨毛丝叽叽叽，顶好弄点 × 西西；小雨毛丝溅溅溅，顶好弄点……”这诗经笔法的野调，是岛城民间流传了几百年的花词，大多数人都没听说过。这词是五月梅季唱的，口口传唱的是山上的放牛娃。牧童戴斗笠骑黄牛吹竹笛是在唐诗中，江南海岛的牧童不是这样，一山野绿，溪沟水横流，梅雨青青，舞一根竹筱，空口就“叽叽叽，嘉嘉嘉”来一段。叽叽叽是对梅季薄雨的拟音，浙东的吴越方言多这样的词。“青哞哞”“酸知知”，哞是小牛叫声，草青得惹了小牛开口叫唤，青梅酸的滋味，口水在嘴里的声音是“啜”，而方言啜是“知”的音。

笋都长成了新竹，笋多的年景雨也多，果木都是大年，新叶盖老叶，嫩绿叠翠绿。果木有大小年，大年繁花多果，于是鸟也多。梅雨季梅子熟杨梅也熟，奇怪的是今年没见燕子来。鸟是会说话的，各式鸟叫都不一样，有的鸟会对答，会说很多字。小鸟清晨醒来第一件事就是吵，而老鸟可能站在绿叶间相互聊家常。

雨缝里阳光洒下来，树叶、水珠、草都绿如翡翠，此时夏天还不热，十分凉爽。

清 凉

五缸碗莲种了四年，才开出一朵花来，最近念头越来越少，眼界也越来越简约。近几个月来，早晨五六点钟就醒来，一点事都不做，有些浪费。

两棵桂花树数一遍，两棵梅树数一遍，一只狗数一遍，都是不多不少。石凳上闲坐，笑而不思，这样的笑无人看见，自己也看不见，手摸在石头上有凉意。单就凉意而言，水和石头是一样的，看在眼里的情景是，石头站着，水躺着。石头一直不醒，如若醒来就会云水般流淌，我对自己说，这个你要相信。

夏天的天空难得这么蓝，而且还有洁白的浮云，高朗在简单里。不开口有全部的意思，说了只能断枝摘叶。文字有亏欠，越说越意犹未尽，倒是囫囵中有个大概，明白清晰反是处处皆有漏，只能顺它去。心力是做作，好好的东西不能拧，一点点刻意，都会让从容尽失。好是还其本来面目。天意是满的。

就这么说话，有口无心。昨夜被约喝茶，座中有三个女人，满屋就富贵华丽，是久不见的雍容，或许是灯光的关系，仿佛自己被富贵抬举，莫名想到《韩熙载夜宴》，还有龙门石窟的卢舍那，就是这般面如满月。做人要有排场，草也是一样，及到天涯皆碧色，状似大雨滂沱。昔年，经手的珍珠无数，珠子在玻璃上可以跳得很高，想象跳着的珠子会活。昨天上午见珍珠一样的雨，一粒粒浮在积水里，如流苏。骤雨打起水花，密如针脚，无处下脚的雨滴，只好浮在水面。见过蜻蜓钻雨缝，左躲右闪样子，从密密的雨中飞来，翅膀可以不湿。

花在叶上是吉祥的，花在叶下则不吉。睡莲花叶都贴水面，于是不种睡莲。

热

今夜虫不叫，静静的，蚊子也没来叮人。热得好笑，人坏过头也好笑，好过头也好笑，所谓好笑就是过头了。太阳风是什么样的风？今天看新闻说太阳风吹着了地球，就像浪花打湿鞋子那样。

昨天岳云把矿泉水冻在冰箱里，今天午后渴极拿出来，水变成了冰，他无论如何喝不着，急得又一阵汗如雨下。做人爽快的事里面，有“六月里喝雪水”一说。我六月里喝过雪水，有人把雪水贮缸里埋地下，拿出来烧成沸水，泡茶。真正六月里的雪水是岳云想喝的那种。岳云的本意是想喝雪水的，于是把冰坨放太阳底下晒，流着汗旁边等着。

偏偏小狗跑来跑去，小狗是长毛狗，就像裹了一身裘皮大衣。猪被夹在木栏里，寸步不让移动，养猪的人就这么让猪不消耗体力，吃下去的都给长肉，好在猪是裸着的。二十多年前我六月里结的婚，有人说这是结“热昏”，说完还哈哈大笑，以为这样的说法很幽默。仅仅因为谐音，就高兴成那样，我觉得趣味枯索，像被晒蔫了的草一样。

兰花则需要在半夜浇水，水温必须与盆温一致，否则根热水冷，就会伤着根，这也是老手才有的经验，就吹着电风扇等深夜。深夜迟迟不来，此时蓝天是黑的，也没有星。天上有繁星，会让人联想到些许凉意。比如七夕，从前的七夕田草就凝了露，而如今，三天后是立秋了，十天后就是七夕。

人流汗是好的，流汗流泪都能减肥。胖人皮下脂肪厚厚的，如皮夹克内衬了一层棉花，坐着喘粗气，如一只肥肥的田鸡。胖人在热极时眼睛也如田鸡鼓胀。吃得那么好，又没心没肺地长肉，背个几十斤肉在身上，热是应该的。

莳 兰

莳兰是件难事，芽种下去开出花来要七年，你的安静达不到一种境界，种不好兰花。传统意义上种兰是我这样的，莫论岁月，寂寞生花。

当泥土与草都蕴含性情的时候，兰草才会秀逸。所以莳兰是一门手艺，种养不是兰人的说法。闲心赋予草木，表达为人的精诚，像我那样。

养几盆兰草以为雅致，也是可以的，但其实不是。不要说禅意，兰无禅意。安静是内心生香，心胸没有情怀都是假象。

树

树的辛苦人不知道，熬到冬尽春来，这棵李树开得一树洁白的花。所有的树中，李树花最白，白如雪，白如霜。山中看李花，李花白得走出来，同样白着的梨树有些暗，而梅枝枯白，会隐匿，所以踏雪寻梅，需要寻的不是红梅，是白梅。野山的白梅花小，花瓣落时一片一片孤零零地慢慢落。樱花很热闹，樱花开尽李花来。山中也有李樱同花的，辨认是不是李花，就要看树，李枝密，且桠杈多，枝干是黑的。

阳光十分好时，溪水在溪石间响，抬头就见李花。高大的沙朴还是光枝，没有树叶，落地的树影笔法苍老。沙朴是有古意的，尤其是老树，尤其在落光了树叶之后。李树正在阳光里，花白得密不透风，早春绿意要在半月后，此时山风还寒，溪水冷淡，山中是草木未醒前的安静，见李花，如窥一种明白。这一份好处只山中有，偶然寻来可得。

隔一日回寒，温差十余度，冷雨滴滴答答，山野尽湿。金塘岛万亩李花就开在料峭里，冷雨一阵又一阵，一片湿冷的白。雨洗李花，花没有尽头，雨也没有尽头。白云沧海，岛城远在海中央，我眼里的春天一直有苦意味，一直是望不到头的辽阔。李是涩果，一直要到果芯里的红透出青皮，豁裂，才鲜甜。这是金塘的李子，天下除此没这种李子。此刻满眼的寒苦李花，然后一朵李花一个李。

惊蛰后冷热晴雨不会断，要等春雷响过，乌竹出笋，才真正有春的暖意，而这时候李花落，是为桃花时节。桃李红白也是交错的，李花先开半个月。桃花盛开时，必招蜂引蝶，虫蚋都跟着醒来。梅、樱、李的花季都没有舞蝶，桃花有。白玉兰开得笨重，大而肥白；广玉兰红得异样，又高高的；油菜花是淡黄，正午阳光下才是金黄；接下去豆花开，蚕豆豌豆的花都像舞蝶。地上所有的草都要开花，开得细碎繁密。而春天大多数时节都在雨中。

李花的白是正白，不是苍白。按理鲜艳的花不香，素色的花都香，植物开花是繁殖，本意是招虫媒的。花艳是色诱，花素靠香诱(臭诱的也有),既艳又香的花似乎没有,素花完全不香的是李。李树繁花，花多得见风见雨就坐果，是风雨作合，不用烦劳蜂蝶了。

万 难

所有的东西都在夜里长大，植物比动物更明显，牵牛花被叫作朝荣，就是一早开花的缘故。头天是什么都没有的，第二天一早墙头开了三五朵，一夜酝酿，月亮落山后花蕾嗤喀叭喀地“怒”出来。对于慢手慢脚的牵牛来说，这一夜就等于一刻没有消停过。

人身上的头发指甲，也是夜里长的，尤其是胡子，一夜过后，早上不得不剃。长大总是偷偷摸摸，仿佛不能见光。这里面有两层意思，静才能生发，所以小孩子长个头的办法是让他睡够，睡着了不知不觉。所有的伟大都发生在不知不觉间，时刻惦着的事物就会僵牢，没有不放松就能长大的东西。第二层意思是蒙，盖起来，变戏法的时候都作兴盖起来，默默地壮大，闷声才能发财。

成事之道在于不张扬，嚷嚷是破败相，忍不住显，不说肤浅，也是自显破败于人。没人不讨厌显，你好让我知道做什么？又不是我好。附和你是指望你心一热分一点给我，但你没分，那你还要显，就是整个心智有缺陷。做广告的例外。

瞎子惹了俩小鬼，小鬼就撺掇瞎子去河里洗澡。瞎子问小鬼名字，小鬼说姓都，一个叫来看，一个叫来相。等洗好了，小鬼把瞎子衣服卷走跑掉，瞎子赤身在河里唤：“都来看！都来相。”跑来看和相的都骂，因为没看头。

人身上长得最快的是脚，小孩特别费鞋，一般热天就赤脚，冬天不得不穿，旧鞋已不能穿都得新做。脚上指甲长得快，指甲中又大脚指甲长得最快，所以从前小孩的鞋，鞋面最前头的布都是补过的。脚长大，被子不会长，冷天时节脚就会在被子外面，秋天起穿袜睡，入冬就穿鞋睡，脚就都在被子外面穿戴整齐的样子。先把鞋袜脱掉，再剥衣剥裤，上床再穿袜穿鞋。经常想不脱鞋袜把裤子弄掉省得一会儿重穿，这万难。

雨打芭蕉的声音不是“滴答”，蕉叶宽雨点多，芭蕉叶颤抖的样子，豆子倒掉的声音。檐雨也不是滴答，大雨如注，小雨是“滴、滴、滴、滴”，雨息，树叶上的雨水落到井里，是“滴答”，秋雨时地上有了积水，忽孤雨一滴飘落，也是“滴答”。

最像雨声的声音不是雨。十多年前去北京，住在一个小四合院里，听了一夜淅沥，醒来推窗是院子里的一棵白杨树，风来叶响，响了一夜。梅叶上的雨，是干巴巴的窸窸窣窣，竹叶上的雨则是沙沙沙，每片竹叶都会动，雨是绿的。荷藕、芋艿叶子的则是银亮的水珠子，会跳着逃开，是雨珠中最像雨珠的。没耐心收集，不然这真的是滴答着的活水。

雨滴颗颗有根，像豆芽一样，大多数的雨都是雨丝，丝就是根。呆雨也是有的，手指粗豆子大的雨，是冰雹变的，下时就“滴滴叭叭”，敲在锣上“叮”地会响。古书上说，井里打水，水桶中洒出又掉到井里的水有一个专门的名字，叫“没有根”，是一味药。

草屋、瓦屋、木屋，夜雨都有静谧意，古书、昏灯、老三五烟，可以一夜不眠。夜雨里最惊心的是大树，越大越惊心。破屋漏雨碗碟盆瓢都去接，五音杂处非常忙碌，没东西接的那一处，是被冷落的“滴答”。

栀 子

农历五月的青绿山水，是一年中最好的。梅季是江南的雨季，初梅的凉意中总有几日晴好天，这样的日子，是一年中最难得的，是比节日都要好的。三百六十五天，刨去寒暑酷日、雨风雾雷霾这样的破败天数，好日子其实不多。

闲日即吉日，唯五月有一年中最丰盛完满的正时光，水满，阳光满，绿满，草木日长夜大。蛙鸣田野，稻插新秧，在从前苜蓿花连绵如锦，鱼也是这季节斗水，猫也是这季节叫春。所以端午这个节，非圣贤之人想不出来。

木莲藤、南瓜藤、豆藤，包括黄瓜丝瓜葫芦，都在爬，藤们爬得很快，葱荣有水色。十八岁那年作了一句诗："逾墙的青藤爬出了傍晚。"想想这造句比红杏出墙还有意味，就一直到现在还记得。

我们那一代人年轻时寂寞，不敢无故与女孩子勾搭，于是喜欢爬山，月色好时夜里也爬，定海城方圆十里的山头都爬遍，半夜山头上用怪异的声调背苏轼的《江城子》："……料得年年断肠处，明月夜，短松冈。"

一代人有一代人的五月，我们就在这样的五月觉得天长夜大。

小洋岙往山里走，日照寺的东侧，有一个四面青山合围的小水库，一潭水里一群白鹅浮着，山脚临水有四五户人家。这个地方我都五月去，去了十年。因为这小水库的四周长满了一种叫黄子的白色花，黄子是野生栀子。山花开时雪白，普陀的白华山也遍生这种白花，于是山生香、水也生香，没日没夜生香，直到结出黄子来。栀子在山野中的香是瑞香，洁白端庄，非常吉祥。

朋友中最爱栀子的是施炜军，五月里穿一件白衬衫，瘦瘦弱弱的，走路时捏一朵栀子，丧魂落魄模样，仿佛行吟，这样的气质很像屈原。那个时候年轻人普遍多情，这种腔调不少见，我们也不以为怪，知道这是憋出来的毛病。

有一年的五月施炜军恋爱了，是被人家一见钟情。他去白泉供销社实习，我陪他去的，一群人到店堂报到，卖布柜台有一个身材娉婷的女孩正在扯布，抬头看见他，就说："你到我这实习，做我的徒弟。"他的脸唰地红了，红得像女孩手中的红布。

后来自然不作数，因为笨拙。他很早就在字典里查到栀子花的栀字，而我们平常是叫玉荷花的，野玉荷则叫黄子。

端午有一点不好是吃粽子，黏食我不爱。中医说，湿气太重的日子不宜吃黏食。而端午有时候会在梅雨季，梅子青时雨纷纷。

芜杂

层出不穷的是草。春秋二季，胡子与草都疯长，地锦、车前子、蓟、薇与蒿，这些江南的野草，扑地而生，开细碎的花，什么地方都能长，满眼的绿，染过去，又染过来，潮水一般。如果你有块巴掌大的地种庄稼，野草从这头拔到那头，你又得回来重拔，草是无休止地长，疯长。

空气中许多尘埃都是野草的籽，蒲公英的种子干脆带着羽毛，飘飘然随风而飞，能够过山过溪，过海过洋，到你家门口的屋瓦上，你的眉梢上，雨一场瓦缝里就挤出一片绿来，没有雨时它等着。莲子可以等上万年，干涸也不怕，遇水依旧能发芽。荷莲名气大，其实很多草的种子都会这样等待。如果撒哈拉沙漠来一个梅雨季，三天后就是撒哈拉草原，所以旱上一万年也没事。种子就是滚滚红尘，静落成为泥土。泥土中什么草的种子都有，每一寸土地，只要有水有阳光有适宜的温度，就一遍又一遍地长草，嵌在石头的裂隙间，草萌发时能把石头撑一撑，舒适地容身，踩不死啃不完，干枯了再来一遍新绿。

草是一定要开花的，一定要结籽，结成千上万的籽，兰草的籽就是粉尘，一只蒴果几亿粒子，像男性的精子。世上大多数的生命都以中彩票那样的概率繁殖后代，尤其是草，要存在，要复制，就要买彩票。其伟大在于，再微小的草籽也会记住自己的样子，绝不弄错，长一样的叶，开一样的花。

庄稼也是草，菜长得不比草慢，菜要生虫，草似乎从来不生虫。其实虫也是生的，是草太多，虫在草里需要找，寻半天捉一个蜢蚱。稻麦的籽被人用来当饭，这是始料不及的，还要剥壳，这就白白劳伤。土豆红薯萝卜把自己弄得根可以吃，这不是一般的愚蠢。而瓜们善于做生意，把种子让吃客带到别处去，落种时还会得到一泡肥料，这里面西瓜以及甜瓜们最诚挚，甜头确实是甜的。豆的法子很差，芝麻的法子也很差，应当皮可吃籽不可以吃，现在，结籽是为了让人吃。但豆们籽熟时豆荚会干裂，爆一下，撒播种子也就一米见方远，父子两代不过挪一下屁股。

西 神

民国十二年，九峰阁主吴恩元著《兰蕙小史》，讲到西神时这样说："无锡荣文卿植。三瓣短圆，平边，蒲扇式浅兜捧心，刘海舌，门字肩，干长，色绿。虽称为梅，实则水仙门之无上品也。"七年后成书的《续兰蕙同心录》上讲了出产地："西神梅出奉化，陈姓山客携花至无锡，初为荣文卿先生所得，转为杨六笙先生手植。三瓣平边，圆头，大铺舌，观音兜，平肩，色光最姣姚，丰韵独绝。洵美种也。"沈渊如的《兰花》《江浙兰蕙》等认为此种在 1912 年为荣文卿先生所得；《乃安居艺兰笔谈》《中国兰艺三百问》等认为此种是 1911 年为荣文卿先生所得。十年后《兰蕙小史》记下此种，又近十年《续兰蕙同心录》也记下此种，可见"西神梅"在二十余年间自奉化至无锡又至杭州、上虞，流传于江浙之间。

《续兰蕙同心录》中"西神梅"有诗如下：

山灵毓秀出兰英，弗染红尘不好名。
仙骨珊珊依谷壑，楚魂郁郁对江城。
瓣分五数成全福，花发三春守独清。
眷顾如来明察主，得时那不到公卿。
……

诗是破诗，花是好花。

西神出自四明山区剡溪流经的奉化，普通野生春兰自然变异出来的品种，犹如石头中长出来的翡翠，也只有人杰地灵的奉化，才会脱胎出这样的奇花异草。按兰花的瓣型学说，西神不是“梅”，但历代兰人忍不住要在西神的名后加个梅字，一般以为，“梅”格较“水仙”格更好一些。传世的江浙春兰“四大天王”宋、集、龙、汪，是两款水仙两款梅，梅格的宋梅与集圆，水仙格的龙字与汪字，这四只花分别是梅与水仙的样板和经典，但这四大天王不得不以西神为贵。我这样说，会得罪人，历代痴迷宋梅、龙字、汪字的人很多，集圆少些，算是一家之言而已，宋集龙汪我也都种着的。

西神的好是它在水仙与梅的中间，是恰好的一只花，从兰花的瓣型理论来历史地考量，它的特征介于梅、仙间而得中正。同时期奉化也出过一个叫中正的人，这之间有没有关联我不知道。中国兰文化的定义出于儒学，中正是花之品格的基本精神，极品的花。宋集龙汪的色不比西神逊色，精神骨力神采也不比西神差，但西神恰好是能兼顾梅、仙两大类的圣品，它是出神入化，完美无缺的造化之作，在兰的群芳谱中卓尔不群，不同凡响。

花好到这样，称之为神，不为过也。

香祖

香祖，第一香，王者之香。这些都是兰的别称。王者之香典出孔子，“兰生幽谷，不以无人而不芳，……当为王者香，今独与众草为伍”。香为兰之魂，养兰的本意是为了闻香。兰香至今无法合成，如今流行香道，香道中的龙涎、沉香之香与兰香比，差得太远了。曾有幸被邀去闻过一炷十八万买来的香，与兰香比也根本两回事。

满屋兰草齐芳时，养兰人是闻不到兰香的。“与君子处，如入芝兰之室，久不闻其香”，所以我每年都会忘记邀一些朋友来闻闻香。兰花次第开，花期一月有余，无人闻香以为憾事，其实是忘事，说一句侈话，我不闻兰香很久了。

兰香有幽香、清香、甜香、浓香等轻重清浊淡浓之分，辨香也是莳兰的功夫。兰香的正格是淡逸的幽香，如微风之徐来，拂之若有若无，其兰在左时香在右，见兰在远即闻之在近。春蕙建墨寒五大兰系中，唯江浙的春兰有这种幽香，江浙的春兰要生幽香也须泥土素养，自然的沐风淋雨才会有，如若暖棚化肥莳之，则香味会有变化。春兰的幽香从种分以素心为最纯，从地域分以浙东的最好。舟山春兰之香别具一格，有人说其香是禅香，那要看养的人有无禅心了。

养兰人不闻兰香很久了，都在求花之贵，求种之奇。忘掉兰香便是失魂落魄，这是一件好笑的事。

干净的妙用是不可思议的，我说的干净是纯粹安静的意思，与清的实像相仿佛。水中能看到云月也是纯粹安静的妙用，静极的清水池塘，有天月影像。外部世界质地纯净的东西，人有天生的喜欢，这其实是启示，人性本来的质地也是无瑕的。

本初难守，小如一个念头，也会刻刻变调，掺杂进许多思绪来，令你混浊。世界的无常就是变调的集结，混浊使人迷失。我们不安，不安即动荡，哪怕纯如婴儿，也有喜怒无常的动荡，这就是不安。安静一碰到世事的无常，就如静水不能再静。恍惚中有与生俱来的依赖，有的演变成固执，有的演变成无意义的惯性。人总是走得越远，乡愁越浓。思乡情结其实是个核，身在家乡也会思乡，因为终极的乡关是心安。秋夜皓月的静境，会勾起很遥远的情绪，那是我们在怀念本初，那方无憾圆满的清静之所。

兰花是一个比喻，并非极致，干净的天性才是。心性的干净有妙用的境界，古往今来无数圣人，大多无名，却有皓空中繁星一样多的心得。

寻 香

喜欢迎风而立，看水荡漾看树摇曳，大团大团的清凉迎面涌来，十指如梳，风密如发。六月的凉爽，是树荫下的过堂风，兰叶在动竹叶也在动，草叶的影子也在动。树是静物，树越大越有静气。听说了一棵已逾百年荫过半亩的老桂树，金秋结子，花落如雨，就动了想把兰园移去，住在树下的念头。

平生最喜欢的植物是竹子，当然还有兰。修竹如兄弟，幽兰如弱女。青竹留风，为闲庭第一景致。风为竹友，雨为竹亲。秋灯夜雨听寒檐滴水，读庄子文章，紧一紧热被窝，捧一杯碧螺春。

散淡人生，要有一丝凉凉的苦意。明灯也是好东西，一屋子光亮，从风雨中拓出了一方温暖。这样的时候，人可以有情，也可以无情。然而你能说何为有情何为无情么?

院墙用竹围，竹篱茅舍，竹篱是真，茅舍是假。年年新绿如换旧时裳，扫不完的竹叶子，枯黄的竹叶子贴上院中的旧石板，依依地不肯去。

园中梅花一株，是绿萼。后来觉着颜色单调，又种了一棵老蜡梅。这老蜡梅本是一个老友的，老友孤居五十年，一日想起娶妻，盖新房时盘算不下，看中了我的院子，将老蜡梅移了种在我处，言明是他的，方便时就来取。他将蜡梅削得只剩一段光干，说这样可减少树叶蒸发水分，以便移活。其实蜡梅是扦插可活的植物，选了几枝两年龄的半新枝，插在湿土上，如插杨柳。

来年春天，这棵蜡梅新芽大发，新枝狂抽，过夏又郁郁如盖，冬深，枝上不留一叶时，蜡梅吐蕾，累累如绣，清香过处一树蜡黄。盛开时，竟引了几只忘冬的老蜂嘤嘤嗡嗡。

将一丛新花取了个名，叫绿水。仁者乐山，智者乐水；水无形无色，在杯是杯的形状，在云是云的形状;近朱则赤，近墨则黑。放开来逃逸如雨，林野点染，鲜活而自由。绿水是春水，水本不绿，藏春色于点滴涓流之中，就有了秀气。滴水入深潭，涟漪如花。

人一冥想，便混淆是非，就以为水和花是同一灵性的两种形式。嫩枝也如水，流淌得十分寂寞。

芹有药香，秆细长叶零星，水而且碧绿。野生的山芹长在溪旁，开状如荞麦一般白而细碎的花，风起清水粼粼，寒香含微苦，最有秋的意味。

芹之美是菜之最。我喜欢将芹菜整齐地切成寸许长短，沸水中捞一下，留下碧绿醒目的颜色，轻油小炒入干丝，佐雪白的米饭，满眼风涤水洗。

汉字是有意境的，“芹”字亲切。芹和胃，饭后在田畴间小步，牵花衣童子的手，软软的暖和。

芹里药香霜后更浓。献芹作美意解。芹的栽种不比兰草容易，每每黄昏摸索在菜根间，割了装在竹篮里入城访友，都欢喜自家的这一份新鲜。

秋天是香的。田野里的稻谷一起成熟。有一种很美的意境叫秋白，是收割后新碾的米，煮的饭的颜色。白露垂叶的清晨，凉风唤人添衣裳。园中的菜是喜欢寒意的，干净得碧绿，精神如水洗，菜叶如瓣，开一大朵花的形状。曾用兰盆种过一棵黑绿的青菜，放在朝夕能见的阳台，命名为“饭侣花”。菜是饭的伴侣。

黄色是菊花的正色，就像碧是兰花的正色。菊花竹篱下裹了一身斜阳，暖暖的有晚香。橘子在秋天成熟，青皮要等霜后才红，剥开来瓣瓣也是阳光的颜色，酸酸的甜，冷冷的香，秋天是有滋味的。

何为美味人生来就知道，不用教。等到从苦味中也能尝出可口，就是练历了。就像黑灯瞎火走夜路，不知不觉已离家很远。

闻香识花，看瓣色水头，红绿老嫩清浊，入眼万般，其实人人看到的都不过是每个人自己的世界。有一种瓷器的颜色，叫雨过天青云破处，是想象不出来的颜色，其实就是很新鲜的天蓝。

花开，就是兰说话。兰语，用眼睛听，用鼻子听，用心听。听懂了，心里荡漾出一朵微笑。活着都知道自己存身的世界，也知道存身于世界中的自己，只是许多时候自己不想知道。活水自净，兰花是什么？我不知道，我是什么？兰花也不知道。倘若一辈子只能说一句话，只想学盆中兰草开一次花。

清雨滴落池塘里，啄起一朵无色的水花。人生三昧，于我就是冥想、梦和睡眠。梦佐睡眠，冥想佐梦。

雨夹雪，地上已经泥泞了。湿的意思到处都是，天暗下来，感觉这暗也是湿的。枯枝上挂着水滴，珍珠一般，银亮地疑思。雾霭在山脚下安静着，山苍老得似有了白发，云涂抹在山顶的高处，灰暗得十分含糊。

枣树长满了尖尖的骨刺，高瘦地站在路边，没有一丝表情，顶着一树暝色。

想听懂炎夏树上的蝉鸣，恍惚中声音变成了蝉的形状。

圆月之夜最宜听箫，人和竹子的声音，能将圆月的心情说出。暗处是低低的山岗，将荒凉的静寂抚摸了。隐者说隐，隐一片大好时光。

箫声里圆月隐了。

风轻夜黑，摸遍口袋无烟。心情随着季节走，从苦夏入清秋，有热茶渐凉的手感。

菊香其实是愁香，阳光照花丛，感觉是很老的阳光。古人以菊为名时，喜欢以淡为字，比如淡人菊某，听起来让人觉得很是不经意。

南方的好处是，入冬还满眼青绿，草枯在树下，更显见树的葱郁。冬草凌寒扑地而生，一层枯草一层青，翠色从已凋谢的枯茎中入眼，冷风伏地而行，翻动着草皮，过水粼粼细波，寒水有些黝黑，如人之瞳明澈。

鹅喜食冬生的嫩草，白鹅幼稚的毛羽是金黄的，所谓鹅黄鸭绿。小鹅黄毛最稚拙，啁啁食草，羽风一团。

冬意总是这样灰蒙而含糊。临晚下一场雪，用炭火炖一锅芥菜，围火而坐，再温一壶酒，那就美了。

兰与菜同时种，菜日日变色，旬月叶如小扇，兰则如睡态，默默不醒。复浇水殷勤，两日一小浇，五日一大浇，四时晨昏，还是三五枚寂寞老叶。

须发理了又长，一月一次，兰却木讷，须发之长也快于兰萌，恨不能以身代兰。

一日看三回，提一条凳子坐兰之侧，久之，无奈而生落寞，落寞又生落寞，人就空洞起来。

不久见菜老叶黄，根株皆朽，兰依然碧绿，蕴秀藏神，不由心生欢喜。拨土理盆，摇扇拂叶，踌躇间心中意满。细看，有新芽如米，顿起十分敬意。

鸦 鹊

乌鸦喜欢栖在冷雨后光秃秃的树枝上。没见林中的乌鸦，常在路边树顶的细枝上落着几只，很黑地叫。天色晦暗，山在暮色里是重重的轮廓，鸦叫是独语，这样的树与鸟与叫声，一入夜色，就悄然没有了影子和声音。

雪初晴，白茫茫的清晨，屋外苦楝树上偶尔也会有乌鸦，这时候的乌鸦黑得有些严肃，苦楝树果蜡黄。一派干净的雪后山水中，三五只树上的鸦，是十分孤独的。抬头看着天，良久之后，鸦会失声而叫，像是设问；惊起而飞时，鸦也会叫，那是诧异。但两种叫声一样，都是它的名字“鸦”。我喜欢把鸦的叫声写作“哑”，意为无声的“哑”字，其字有音，这个就很像鸦叫。

鸦叫的声音很苍老，与身上的颜色与季节都很配。所有鸟中，如果从叫声听心情，乌鸦是最悲观的，但它不常见，出入也冷落，常在冬天里现身，仿佛是因为这个季节地旷人稀之故。

岛城十多年前突然看不到一只停在树上的乌鸦了，冬天也没有了每年必下的雪。还有雁，雁在岛城的称呼是出奇地别致，叫“外鹅”。外鹅每年秋天来，停在高山岗头，歇一歇，飞在天上会排“一”“人”“个”这样简单的字，叫声七零八落。于是我一直以为“一”“人”“个”这三个字是天书，不然雁们为什么要翻来覆去地在天上写呢？

几年前去北京，惊奇地发现路两边白杨树上黑压压的鸟都是鸦，北京除了提在笼子里遛着的鸟外，停树上的好像全是鸦，而季节竟在夏天。北京的白杨树夜里风动树叶有雨的淅沥声，可以淅沥沥地“下”一整夜“雨”，晨起迎面就是树上黑鸟的断喝:哑!这让人疑心乌鸦都去了京城，干什么呢?

我们从小听到鸦叫就躲到屋里，天生对鸦有敬畏，但躲到屋里还要回到门口去“呸”一下。听到鸦叫都没引来过不祥，但据说鸦是不祥的，听了鸦叫就必须用清水洗耳朵。所以一直没机会看准确鸦里有没有白颈的，但据说有。鸟飞着的时候，是认不出鸦的，停在树上才仿佛认识，等它开口才能确认。我对鸦的了解十分抽象，对真实的鸦不如对八大山人画里的鸦面熟。鸦的叫声是很明确的会飞而孤老的声音。

“月明星稀，乌鹊南飞”，我一直怀疑说的不是鹊是乌鸦。鸟在夜里大多都是不飞的，只有乌鸦夜飞。鹊也是黑鸟，只在肚上有一块白，所以乌鹊和乌鸦是两种鸟。鹊与鸦的不同主要是叫声不一样，鹊声被以为喜。

声音是重要的，悦耳是人的需求。喜鹊不吵，不像麻雀那样多舌。麻雀的吵是罕有的，如果竹园里宿着几百只麻雀，清晨你必须比它们起得早。梅鹊图中的梅，其亮色是为了衬鹊的喜意，画里是没有声音的，光画一个黑白的鸟，又喜从何来呢?

樱 桃 红 了

人如蛾，都扑向华灯闪烁处。城中的街树不兴种桃花，桃花就开在纸里，梦里，往事里。

喜欢不喜欢在细想之后才能甄别。不喜欢，朗朗乾坤就无树无根，一万年都是塑料一般的质地，寸寸光阴都是假的，这样的日子明明不是人过的。

人生意况是有私情的，一如野地里有桃花。草露如白眼，碎花如闲言，然而对桃花来说，并无妨碍，要嫉，也该是李花。李花满树苍白，花比桃花还密。待到草枯尽，桃叶落去，李也是又过一年。

活得娇艳，有灯一样的明亮，还有想一想都能感觉到的温暖。

许多事是与我无关的，可是樱桃红了。

种樱桃原是为了给院子“补白”。当初有一大一小两棵樱桃树候选，大树有几十年树龄，朋友搞房地产开发，有一个拆迁户的家园里有一棵大樱桃树，朋友迁树时要送我，我知道“樱桃好吃树难栽”，不敢要。后来丈人给我拿来一棵小树，一栽就活，才两年已高及屋檐，开了花又结了果。樱桃结果的确是“累累”，尤其果子红了时，比开花时更好看。

鸟吃樱桃是把核留在枝上的，而且哪颗先红啄哪颗，不红它就等着。我家麻雀住竹上，每天早上人都是被雀吵醒的。但麻雀嘴小，不食樱桃，偷樱桃的都是大鸟，比如鸦，白鹭，鸽子。这些不常见的稀客虽然是因为樱桃才飞来寒舍，但也很让人喜欢。

女儿爱吃樱桃也是我种樱桃的原因之一。果子熟了本来想把树用网罩罩起来防鸟，但起花结果第一年，是喜食，大家都弄点尝尝是应该的。晚饭后，女儿拿了饭碗摘樱桃，与鸟抢食。这样的黄昏能让她记住很远，倘若以后远游，她会回忆起，就是这样的日子织成的“家园”。

红了樱桃，当然也绿了芭蕉。芭蕉大而无当，雨打芭蕉的声音听起来木木的，好像有人蹲着“唔唔唔”，也如泛白朝天的鱼眼睛，远未及竹叶、桂叶、梅叶上的雨声精致。明年斫了芭蕉也种樱桃吧，愿更大的鸟也能飞来，比如白鹤。不知世上还有白鹤否？

名 花

舟山多兰草，除群岛北边嵊泗外，中街山列岛以南稍大的岛屿都有兰，尤以本岛和金塘、桃花、朱家尖为最多，据相关部门统计，2000 年时野生种群上亿株。在中国兰花界，舟山兰花被称为佛草，我 2000 年前后曾写文章在兰界介绍舟山兰花，说“此是佛地，兰为禅花”。

1954 年春，给朱德种兰花的绍兴兰人诸先生去普陀山，在半升洞码头看到一个小姑娘，手握一把兰花一分一朵在卖，诸先生看到其中有一朵蕊蝶，就问小姑娘：草呢？小姑娘指了指山回答：草在山上。诸先生说：舟山有兰花，舟山有好花。这句话经过“文革”，直到八十年代初开始传遍中国兰花界，这就有了舟山兰花声名鹊起的发轫。

一种花卉有“界”的只有兰花。世界上喜欢琴棋书画的华人文化圈的国家，莫不喜欢中国兰，日韩的香兰都从中国引种。兰界是莳养收藏中国兰花的圈子。将野生兰花的变异品种定名、传世、建立兰谱、制定鉴赏标准始于宋朝，完善于清朝。古籍中传至今的兰著兰谱七十二种，从宋至民国，前人选出的传世春兰名种三百余种、蕙兰一百余种，如今人们熟知的名兰绿云、宋梅、大富贵都是。从清代起民间就有专业养兰为生者，世代相传。兰史上，名兰贵逾金玉的年代是清末民初，大富贵在山上被选出时，卖价八百两白银。因为野生兰花品种变异得好的非常稀少，花就有了十年一遇、百年一遇、千年一遇的精品、神品和极品。兰界有这样的说法：千梅万世选，一荷无处求。这里的梅是兰花中的梅格，荷是指兰花中开出的荷瓣。

岛城有兰科植物近二十种，被当作“兰花”的有春兰、蕙兰、建兰（舟山建兰民间叫秋兰）、风兰。最多的是春兰和蕙兰。舟山春兰春节后开花，香及山野，从前屋后溪边都有，村姑摘一朵簪头上，洗衣烧饭时鬓角有幽香。蕙兰阳历五月开，立夏前后，又被叫作夏兰。蕙兰香浓艳，香不及春兰幽逸，春兰香有幽香、清香、淡香等多种。中国春兰以香论，江浙春兰第一，江浙春兰的香，以舟山第一，这是兰界公论。舟山兰花从二十世纪八十年代中期蕊蝶碧瑶下山，一路下来，舟山春兰里面出过上百个好品种。这其中，有诸如千岛之花、黑猫、大小元宝、碧瑶、芝元、麒麟、蕊鼎、神州奇蝶、女儿梅，蕙兰中的方桃梅、蕙鼎等成了江浙春兰蕊蝶、次新花新花的代表品种，在兰市有着很旺的人气。舟山以出产奇花盛名，奇花中尤以蕊蝶最多。

舟山群岛如青螺叠翠，有大小岛屿一千余个，是天台山脉在海上的延伸，因此岛即是露出海面的山，山即是海中浮起的岛。北纬 30 度从本岛横穿而过，属海洋性季风气候。群岛最高峰海拔 500 余米，其余都是几百米高度的丘陵，植被以海岛松和海岛灌木为主，四季分明，气候温润，夏季最高气温不高于 40 度，冬季最低气温不低于零下 7 度，非常适合野生春兰的生长。

舟山野生兰花选种寻花有两个高峰期：一是二十世纪八十年代初期到九十年代中期。这期间因为绍兴人来舟山寻花，传播了花艺花识，并迅速成为第一代舟山兰花人，上山寻兰始兴。那时

液化气还没有普及，一入冬，山上的柴草都被居民割光，山上干净整洁，兰花一目了然。由于是千百年来的第一次开发，上山寻兰的人并不是很多，寻兰非常方便，有上山不空手的说法。目前兰市上所谓的舟山产次新花都在这一时期下山。第二个高峰期从2000年开始,全国的兰友来舟山寻草,出现了“篦山寻草”的场面,从而大量好花下山，形成第二个高峰期。

说舟山蕊蝶，不能不说传说中的蝶窝。1990年，舟山兰友在舟山本岛的紫微狭门里回峰，发现了春兰蕊蝶名种黑猫，后来又陆续在这地方发现了大元宝、鸳鸯蝶等许多蕊蝶品种。里回峰在舟山本岛的腹地，舟山第三高峰蚂蝗山的西侧，地形峰回路转，形成了独特的多雾偏阴小气候，冬天要比其他地方冷2到3度。兰花分布也非常奇特，这个坡面有兰，过了山脊就一棵都没有。在一处两个山岙凹处隆起一个山包，舟山兰友几年间在那里发现了三十几个蕊蝶品种，其中最多的一天发现了五个。舟山兰友发现蝶窝的最初几年是保密的，黑猫与黑虎发现于同一年，出花的地方相距不足百米。

舟山兰友在蝶窝采了三十几个蕊蝶，十余年后真正能传世的没那么多，很多花并不稳定。我曾分析过里回峰出蝶的原因，主要是水土和气候，许多蕊蝶是年景气候的突变造成的假性变异，这也是为什么在这么小的区域里并不是一次发现这些品种，而是年年都会新生蕊蝶的原因了。

舟山蕊蝶的代表品种：

芝元。芝元1999年发现于舟山六横岛，从草上看是舟山出的最漂亮的叶蝶，第三四叶即起叶面花，蝶化面积大，色彩鲜艳，蝶化部位草色消失全部舌化。此花至今未有复花照面世，据见过实花的兰友传说，内三瓣短圆宽大，舌上呈全鲜红色块，舌边缘留白一圈，艳丽至极，是舟山出高品位草花双蝶的代表品种。

黑猫。1990年舟山兰友采于舟山狭门里回峰。此花新芽紫红色，芽尖有白头。壮草叶长20至30厘米，宽一厘米，叶厚斜立。花苞水银红，似透明，外瓣竹叶落肩，花葶高。此花的特点是：捧瓣瓣根宽大，瓣内布满紫黑色绒毛状斑块，瓣边缘有银边。猫耳捧，形神皆像猫耳，唇瓣宽大，向后翻卷，舌面U字色与捧对应，是舟山出蕊蝶奇品的代表。

大元宝。1990年舟山兰友采于狭门里回峰。新芽紫红色，新发叶尖有紫红晕。壮草叶长25至27厘米，宽0.8厘米，叶色深绿叶姿半垂。花梗紫红色，花葶高。内三瓣完全对称，白绿底上色斑鲜艳，外三瓣中间各有一条紫筋纹，蕊柱随花开放由淡黄转为银白，花大色丰富，为舟山产三舌蕊蝶的代表。此花下山不久便被绍兴兰友引种，1994年复花，命名为大元宝。

碧瑶，1986年由舟山兰友挖到。下山草叶长20厘米，宽0.8厘米，逐年草势趋短，叶质厚糯有光泽，叶尖透明状，叶姿半垂。苞壳赤绿有奇彩，花葶高而细圆，花大色碧绿。春兰水晶花叶双艺，捧瓣白绿色唇化，三条红线状色斑，蕊柱四周的捧瓣分布赤紫色侧裂片，命名为碧瑶，是舟山出水晶艺蕊蝶的代表。

《《 第二辑 旁白

一切都凭空而来，仅仅因为你哭着睁开了眼，不知道你要干什么，天地就必须宽泛。银河也很偶然，如果你的心非常大，银河只是一粒尘埃。

扁 毛

一股气使禽兽身上的毛有扁有圆。扁毛的动物会飞，传说天上飞的禽要比地上爬的兽高贵，地上爬的要比地底下掘洞的高贵。按佛法的分类，水里的生物叫湿生，湿生也分好多种，如果海也是天空，鱼、虾、乌贼都会“飞”，甚至海龟、螃蟹。

海岛将螃蟹叫“飞水”，整个身子横在海里穿梭，划出一条很优美的弧线。海龟的“飞”是爬，在水中爬，挣扎状，大多数的气力花在不使沉下去那儿，爬起来很慢，是游泳。大多数的鱼都长鳞，鳞也是扁毛，鱼的扁毛像指甲，浑身长满指甲，但排列得很整齐。海里，光滑如鳗鱼者也会“飞”，不会“飞”的是螺贝之类，这是它们存心别扭，身子长得像石子，有的贝干脆就把身子长在石头上，像淡菜，一辈子都不挪一下。

扁毛是羽，禽中扁毛者，最常见的是鸭子，嘴也是扁的。鸭子在水里浮如船，无数的羽叠在一起垫着水，不会渗漏。鸭子从前是会飞的野鸭，就是鹜。“落霞与孤鹜齐飞，秋水共长天一色”，独鸭。

鸡的漂亮纯是因为那身毛，长长短短还染了色，雄鸡一身华丽，很配司晨，呼唤太阳出来。雌鸡竟然能读懂好看与华丽，但司晨完全虚张声势，雄鸡不啼，太阳也是会出来的。这样的虚实结合，雌鸡难免要动心。拔光毛的鸡，比乌龟还难看，所以鸡们最怕被拔毛。

凤凰也是扁毛。没见过凤凰，最像凤凰扁毛的是孔雀。孔雀的排场有些累赘，弄得起居不方便，孔雀开屏的本质是起鸡皮疙瘩，这样的混乱就不太符合逻辑。

沉 水

我记忆里石头能浮的情形，是漂水片。石头的薄片或瓦片，扣在手里削出去，在水面上“削……削……削……”，似水中仙人走路，步履如蜻蜓点水，留下从大到小一串涟漪，渐行渐弱时，石片就在水面左右晃几下，支持不住，溺没沉底。这样的游戏，相信不少人都玩过，石片跳着在水面上走，水面交织着涟漪扩散的波纹，水里比岸上还热闹。童年游戏我一直是玩不过人家的，我的石头漂几下总要“心力”不济。

弄得性起，就会突然去搬一块大石头来，“咣当”扔水里，激起一大蓬水花，身上脸上都是水，众人就一哄而散。有一次石头太沉，别人已看见我在吃力地挪着，就鸟兽四散，我便十分无趣，扔也没意思，身子不小心一斜，把自己连同石头一起扔入水里。

很轻灵的石片，有时失手时也会一下入水，这样的笨拙就很难看，是现眼。我发现世上所有现眼都是心大力不到。

梦里有清水，一片芦蒿，我有一块不沉的石头，便在岸上削水片，脆生生，石头在水中凌波微步，从岸的这头一直到那头……这样的好梦就被我记住至今。

从前家中水缸里有一块浮生，是从海边拣来的。据说是浪沫的化石，可浪沫如何会成化石？及长大知道海边的浮石有一种是沉水底千百年后浮出的龙涎香，此时香已失，只剩下无香的石头般顽壳。浮石浮水缸，可以使水不腐。好像不少人家里以前都是有的。

石头为什么会沉呢？漂过水片的人都知道，那是石头没气力了。石头如果有气力，那是不沉的。

弹 竹

闪了一下腰，好在脊椎没有错位。腰椎是全身承重的所在，身子的无论哪一个部位一用力，都需要它来担当，所以用手撑着试图站起来时，腿就会颤。腿脚颤巍巍的样子，像弹竹，用手指去扣小竹，叶就簌簌，从前下雪天常玩，竹叶上的静雪就会掉落，大多数人对弹竹都是陌生的，并没有体验。这两天不能正常走路，不得不走时，就极缓慢地挪，而且举手投足皆失形。痛时强硬一下站起来不是不可以，但那地方是穴位“命门”所在，倘若“咔吧”一下折了腰，就会半条命玩完。这就得怀着一份小心掂着，颇为吃力。坐是还能坐的，平常也这么坐，但不会坐得那么死心，就非常安分地坐着。一节一节反手摸摁脊椎，确认并没有断、裂、变形，就决定不上医院。科丰给弄了两支液体的膏药来，胡乱喷一喷，模仿着残疾人，坐着静养。

大前天一个人在圆明园，游人极少，在一个水塘边也是这样坐着，大段大段地浮想出许多文字，今天全部忘光。这是一大片水，荷花没有了，荷叶还绿着，盖去一大半水面，枯了的莲蓬非常多，没人采，岸边绿柳匝围，柳树高大参天，千丝万缕的碧绿枝条挂着。圆明园的春天“桃花如火柳如烟”，初秋唯柳依然如烟，且无人迹，水又清澈，蒲蒿丛杂，这一方水泊，恍惚间不似园林，倒像一个荒野。

这样的情景可能昨天不是，明天不是，只有今天是。也可能你眼里不是，他眼里也不是，只我眼里是。后来心思全在莲蓬上，满湖泊的莲蓬没人采，没有惋惜，只是想，这莲子该是老透了的莲子，炖起来味如豆子和百合，加冰糖很甜。

走了好多路去买一瓶可乐，亭子里的老女人问要冰的还是不冰的，我说不冰的，不是天已凉了吗？是啊，天已凉了嘛！很会心地一笑。原来天凉也可以这么会心地笑，原来这闲情也只有荒村野店才会有。满眼绿色看多了会饿，是可忍受的饿，看蓝到天的海则会饱。圆明园的野果很多，有山楂、枸杞，还有许多不认识，山楂、枸杞密密地长在被修剪过的树上，人造的小土丘上立着古松。有一个男子在摇树，树上有果子掉下来，落地有声。果子滚入草丛，我问这是什么树？男子回答是核桃。男子臂上有红箍箍，是个管园的，闲了无事在摇山核桃。男子见有人搭腔，来了劲，这一次摇下来许多，有一颗朝我滚过来，碰到了我的鞋子，我就捡来，确实是核桃。那颗核桃如果没碰到我的鞋子，我一定不会捡回来，但它碰到了我鞋子，我就捡了回来，我一般把这样的因果理解为缘。

从圆明园回来的第二天早上就闪了腰，跑到北京去闪腰也是这样的因果，而且我相信闪腰跟那枚核桃也有关联。因为闪了腰，我故意把那颗核桃留在宾馆里，留下之前还把核桃剥了一下，心想说不定吃了这核桃腰会立愈，又想，也可能吃下去之后有更大的后果，终于没敢吃。

去北京是送女儿读书，在北大的校园里扶着松树腿如弹竹。我知道松树可治伤，就羊一样吃了两把松针，撑着来来回回挪了一天。忍着没去北京的医院看。最怕被医生摁断脊梁再给你治，这样的事就仿佛火烧圆明园。

非人的想法

古往今来都在同一个时空中，过去和未来都没有质地，鬼也没有质地，没有质地并非不存在，比如影子。人的感知，眼界是有局限的，很远很近的地方都看不到，过去未来也看不到，没有光也看不到，有光也只能看到光谱中的一段，而人以为自己看到的是真实世界，眼见为实，何其不可靠。人变成了鬼，就像在另一个界，常态下就像X光一样不可见，捉不出来仅仅是没本事捉出来，并不等于不存在，比如祖宗，祖宗是存在的，你也捉不出来。

必须离开人的立场看世界，站在非人的立场，人间说人便是以人为是非。

自以为是，是人智慧的局限，人靠这样的自囿取得自喜自傲，这是造物主允许的，我们就靠这个喘息着，感到万分幸福。过去现在未来在同一时空中，瞬间是现在，其他都不可触摸，没有质地，无所谓有无。无中生有并非从前的起始，我们面对着每时每刻的无中生有，比如几个小时之后，“明天”就莫名其妙地来了，而现在它是没有质地的东西。“明天”的构成并非一天，而是无数片刻的连续。活着的片刻薄如蝉翼，就像海中行船，身后的过去无限，眼前的未来无限，是记忆让你觉得有一生。长命者，即记忆之冗长者也。失忆即看见这片刻，片刻之前即叫“死”，鬼即另起一行看今生，或在另一界中暂息时的状态。而那个片刻载着你不休止，前一行叫往生，这一行叫今生，下一行叫来生。无休止，让你不记得，省得你烦。你就兴冲冲地、不知疲惫地一行一行往前，或者叫表演。

池塘里冒泡泡，活着就像冒泡泡。这一口气之前是水，或者还春波荡漾，这一口气后还是水，又或者静无潋滟。所以万物并不孤独，宿命并不悲哀。连青蛙都不悲哀，青蛙也是泡泡，池塘里的青蛙只是鸣。唯有界才有生，界是笼子，界即是生，你被自己的活着禁锢，你被赋予人的模式。知道自己是囚徒的，痛苦着；不知道的，享受囚牢，爱惜身上的每块肉。思想需要先安顿好身体，或躺或坐，然后思考。思考是蛙鸣，与造物聊天，你所能想到的东西，时空中莫不存在。时空的无限就是念头，是人把它想成无限，于是果真无限。

爱惜一切所思，爱惜快乐，包括哈胳肢窝。

非想非非想

什么是想，你想过没有？人与世界的交流有六个窗口，眼睛用来看东西，鼻子用来闻气味，舌头用来尝味道，耳朵用来听声音，身体用来感触硬软冷热，意识用来想。这里面，“想”是很重要一个窗口，其他五识有些残缺似乎还可以支撑，比如瞎子聋子瘫子，但如果“想”出了问题，是颇为讨厌的一桩事。眼耳鼻舌身，是我与世界的接触系统，而“想”是信息处理系统，思想即念，念是重要的。

念头是宇宙中存在的东西之一，这是不容置疑的。愚蠢的人以为思想只有人心或者脑子才会产生，岂不知人本身就是宇宙的产物。宇宙存在的多样性，许多是人所没有认知的。比如占宇宙总构成百分之九十多的暗物质，人就无法窥知。暗物质就是非传统意义上的物质，有的称为反物质。物质的反面是什么？我们先不说是精神，因为宇宙中本就没有物质与精神的区别或对立，这样的故意造作，是人想出来的。

佛经中有“非想非非想处天”，料想这是一种境界。所以许多人对“非想非非想”有点关心。想，非想，非非想。能想会思考并不是很牛，非想才牛，非非想才是牛中之牛。成语“想入非非”就是从非想非非想中引申出来的。

形象思维，数学思维，逻辑思维；记忆思维，惯性思维，创造性思维；下意识，迷思，梦思……轻轻地停止，抹去，如静水池塘。息下来，这还不是非想，是不想，叫一念不起。非想的状态是想之外的东西，桃子不是李子，非李，跟李子不搭界。

没有咖啡这东西以前喝了一杯咖啡，在“想”这种东西发明之前我有一个想法，这想法既不是想，也不是非想，叫非想非非想。上面的话是我本人的想法，与佛法无关，可能全不是这样。非想如果能用文字描述出来一定不是，何况非非想。

想是有局限的，非想也是有局限的，非非想还是有局限。宇宙没有局限。关于宇宙有始灭的说法是界限心，只是想的习惯思维，觉得应该有始灭，于是想出一个大爆炸，大爆炸之前的那个存在也叫宇宙他们就忘记了，这是很低级的一种思维。

分 寸

早上出门吃了一惊，发现鞋子大了。鞋子少许的大小，脚立即会感觉出来。我经常有忽然头大忽然手小这样的恍惚，寻常时候恍惚一般不容易被衡量出来，而脚是特别的，需要穿鞋子，这就被鞋认了出来。走了一段路之后，才明白是今天换了袜子，把厚袜换成了薄袜，料不到鞋连这个也知道。

药店里付账的时候，浑身上下摸钱，我只在几十年前刚赚钱的头几个月有过一只钱包，后来那只钱包被偷后，钱在我身上一直是自由的，爱待哪儿待哪儿，每只口袋一般都有。我觉得国家把钱印得太大了，巴掌大的钱其实手指大小就够了，这可以省不知多少纸张，完全犯不着因面额大纸头也大。官大住的房子大或许有理由，但知识多脑袋也肿胀这就不必成正比了吧，这都是可以简约的。建议钱印成邮票大小，一叠钱火柴匣子里一放就行了。为满足对钱有特殊爱好的喜欢夜里数钱过瘾的人，可以另外再印一批被子大的，等额调换并收工本费。

袁隆平提高水稻亩产的同时，救世界更有用的思路是科学家要想办法缩小人的身体。工人阶级农民兄弟都不要缩小了，而那些政治家艺术家等不从事体力劳动的人都可缩身，如果缩到蚕豆大，奥运会在城北村小店门口办就够大了。尤其是写文章的，身体大小一点都不影响思维与创作，而且一棵树就是一个村子，一朵花就是一间屋子，一只碗就是游泳池这样的浪漫生活，必然会激发更多的灵感，满足对美好生活的梦想。

人尺寸小一些，一点都不影响享受，而且键盘上蹦跳打字照样上网，还可以健身。

风 水

人有怕寂寞怕不热闹怕平淡的习性。喜欢有响动是食欲性欲一样的欲。我有一个朋友从前当小官时,因为部下太安分而发了怒:你们个个不生是非,我当领导还有啥意思?!

大凡常人,一生难遇几回轰轰烈烈,而其中十有八九,都是需要有一些兴奋刺激的。平庸,事实就是胆气羸弱,精神需求的路子有限,于是喜欢盼大事发生,那些不会殃及自己的大事。人的需求极其怪,追求新奇刺激热血沸腾是一种本能,所以所谓的幸福生活还需要有精神上的大张合,最好能波澜壮阔。有一部电视剧叫《激情燃烧的岁月》,他们做人苦是不怕的,穷也不怕,就怕平淡,怕"没意思"。所以,折腾是人的个体与群体都须臾不能少的需求。

读书时,一个同学因为校长被老婆打了而兴奋不已,说看得他"热血沸腾",后来又补充说:何止热血,全身沸腾!校长居然会遭老婆打!我们为此事足足快活了三天,这个很有意思。斗鸡、走狗、竞技、角力乃至更大场面的战争,都是人性中的那种需求决定的。

每年都有台风,我们叫作风水。小时候看到做风水总是兴高采烈,到处是大水,风呀雨呀的,雨后蹚积水,把小水渠叫长江叫黄河。我至今没见过长江黄河,几次过长江都是漆黑的夜里,也都没看见，梦到的长江黄河都还是从前风水天小水沟模样。沟里汆下早秋的地瓜来，还有小西瓜。后来读到孔子的博学，黄河上汆下一瓢红皮翠味如蜜如斗大的东西，所有人不识，问孔子，子曰：是萍实。我立即想到风水天水沟里浮来的西瓜。

寒意

雨夹雪，地上已经泥泞了。湿的意思到处都是，天暗下来，暗也是湿的。

枯枝上挂着水滴，珍珠一般，银亮地凝思。雾霭在山脚下安静着，山苍老得像有了白发，云涂抹在山顶的高处，灰暗得十分含糊。光杆的枣树，长满了尖尖的骨刺，高瘦地站在路边，没有一丝表情，顶着一树瞑色。

一只沙哑的老鸭落在路边，正在赶路，翻着白眼嘎嘎地回家，急切的样子特别好笑。篱笆说：老鸭，这家不回也罢。

惑还是不惑

桂花树的树叶每年长这样，月亮也每年这样。最近我下决心把所有的东西忘光，自己是谁也忘记，话也不会说。睁眼看见桂花树的叶子很吃惊，看见月亮也吃惊。这是什么地方？为什么这么明亮又干净？

感觉存在，世界就存在，而忘我，能使心下大安。树不忘我，长不出这么好看的叶子来。安心的人不会刻意，不刻意就是圆满。让知觉存在，把自己忘记，雨才是真雨，秋天才是真秋天。学会大安心，得到本来就有的喜悦。

感觉并非因你才有，树和月亮一直存在，你不存在它们也在，这些都不会因“忘我”而失去。而“我”不过是片刻岁月的记忆堆垒。你失忆，你就不以为自己是“你”，而感觉依然在。一堆记忆并不是你，你是不生不灭的知觉。你是大的，大到不可磨灭，是一切。

你是不死的，你只见过别人的死，你是从来没死过。而别人只是这个知觉之下的存在。知觉是不死的，也无所谓时间，时间是空间的形式之一，时空是一体的，过去未来就像是远近。时间每天都周而复始一次次重复给你看，你就是不明白，你意识到的变老类似于季节,时间制造的岁月只是假象。一切都在同一个地方，时间与空间都是假象。明白真实必须忘记你执迷的所谓“我”。时间、空间、我，都是知觉之下的东西，大知觉是“真我”，能容纳一切。

树荫下体察细微的秋意，仿佛凉爽。万物由心，喜怒哀乐无不是这样，关乎天气，需要努力啊。冥想炎夏的六月雪，冥想桂荫如天，冥想深井如夜……冥想一切，相都是虚妄。有一种干净，微风能透身而过，一念不起的时候，昨夜的皓月亦是异物。

天空多云，夜空如清池，白云如莲花，在修行人眼里，一痕悲意。

竹子身直，荷叶形圆，碧色是天意，不可思量。念头不远，分形迹之内与形迹之外，形迹之内的世界我自知，是眼界所及；形迹之外的世界是虚空，以及虚空之外，是冥想，和冥想之外的不能想。心量可及，绿如嫩草般的生死无界，每一程，总有花开般地坐等，抑或明亮。这样的流浪人迹罕至，悲意得天风浩荡。

没有形质可以伤害，思想是无质地的花，你也不能采撷。

就像人朝天扔石头，石头落下来的时候无须花气力，人旁观着自己的力气在空中舞蹈。石头因此永远挪了一个地方。这块石头一万年没动了，你挪了它，然后再寂然不动一万年，它或许会慢慢地变成一块玉。

田野突然芳草鲜美，是愿望涌到脚边来聚会。这是你的愿望，不是别人的，别人根本不可能看见，别人没有这样一个早晨，也没有这样一个田野。

一个朋友长了一个捣杵脑袋，我昨夜梦到了他，他在啃一个苹果，他手里的苹果也长得跟捣杵一样。世界因人而异，等到天上的月亮如橄榄，人还有什么常识？

天是有意志的，不然为何我是人你是鸟。下了两场雪，鸟都肥了很多，飞起来的声音很响，那是翅膀撞到了树叶上。石板上积了层薄雪，鸟就立在上面啄。雪白如米面，鸟吃着玩玩，就像小孩不喝水而欢喜雪糕，这都是可以的。

鸟在雪中的脚印是“个”，竹叶也是“个”的写法，枝叶都是翠绿，鸟和雪都喜欢竹，夜里都往竹丛中飞，息在那里。

谢道韫的堂兄说“撒盐空中差可拟”，谢道韫以为不然，“未若柳絮因风起”。这个女孩因为与堂兄斗嘴的一句话，传名至今，诗人的诗才也被称作咏絮之才。冬天下雪先下雪子，粒粒如盐，那弟弟说的是雪子，絮样飘飞的是雪花，雪子下半个钟头以上才会“絮因风起”——他们看到的并非同一时间的雪。赵本山卖拐，如果你知道是专门有人想上一年才想出这么几句，又练了几个月说顺嘴到台上来演，就一点都不好笑了。所以五十岁以上的人，见了雪不再为之喜笑颜开。

门前的青山成了雪山，看一眼，斗转星移又恍惚。你对刚才那句话如果有想法，改成你是人我是鸟好了。

理与礼

儒家的学问体系分理学与礼学两部分，理学的理，相当于佛教所说的“法”（一切事物的因果规律），是法则，是客观存在的东西。孔子对理的认识，不是发明创造，而是发现，理（法则）存在于自然中，孔子把它概括出来，并遵循它，顺天应命。天地、君臣、父子、夫妻，人类伦理的关系中，核心是父子，父子的关系是客观存在，是自然现象，不会因人的主观意图而颠倒，是血脉的流向，这样的关系中，孝慈就是法则，上下就是法则，依赖与被依赖就是法则。人有父母兄弟夫妻，在这个以血缘为纽带的关系中，关系的存在形式是客观的，儒家根据这样的法则归纳出“父为子纲，夫为妻纲”的结构，是不能“选举”的。兄弟是横向关系，也有长幼的秩序，所以兄弟间要悌。孝悌仁慈敬畏是根据血脉流动走向而表达出来的情感和行为，用一个字来概括就是“爱”，仁者爱人。这样的关系推及社会，就有君臣、尊卑、朋友等诸多关联，其基本的结构也是上下、主次、依赖与被依赖，要维护这样的结构,每一个个体需要“忠孝节义”,行为的要求是“仁义礼智信”。

礼学是儒家的方法论，礼是儒者的行为规范，礼是理的表达方式。人与家庭的关系，人与社会的关系，人与自然的关系，简言之就是父子、君臣、天地。把这其中的敬畏体系用语言、身体动作、生活起居表达出来，核心是秩序，每一个人在社会中所处位置的行为规范。礼就是秩序的行为方式。礼法有规制、有器物、有程序、有样子（礼之貌就叫礼貌）。中国封建王朝专设礼部，就是礼的教化和管理机构，比如二舅不叫娘就是无礼。

流水续绿

想怀念一个人，细想没人可怀念，就思量起自己来。大风大雨，情绪因此悲悯，听得见水到处在流，从屋宇到庭院，从竹叶到荷叶，觉着水滴不计其数，捻合在一起，流淌溢出。没有一块青山不绿，无须看，想想就是绿的。

今天在路上见到一朵灵芝，是红色的。在山谷中，长灵芝的地方之外是绿色山野，绿色之外是流水，水声潺潺，不似雨季的溪水跌跌撞撞。风翻动山上的树，松树是一定有的，橡树是一定有的，野柿子树也会有。溪上唯有溪柳，高大浓密得把溪都掩去。溪柳的根不畏水，就长在溪中的裸石边，光洁的大石头，水中如浴，溪柳不是柳，没有一点柳树模样。

看山宜风雨中看，青山被雨洗净，绿便新鲜，又在风雨中见绿叶荡漾。去讨一杯热茶喝，不为解渴不为取暖，是为了顺，顺即心瘾。

据说，人说话是先脑子里有，再从嘴里吐出。我没有这种体验，往往嘴里有声音，自己听到，脑子才觉得。我以为想了再说未必来得及。火烫你一下，你先想想，再说痛？这时候大多数人都会“啊呀”，与我一样来不及想。

人痛的时候未必说痛，喜的时候未必说喜。喜是别人说的，他说你：大喜！没见人正中下怀时嚷嚷：我大喜。别人想过，判断出你有喜了，从嘴里吐给你听，而你耳朵听到再到脑子，想想，说：同喜。痛则没有“同痛”之说，人只能为你深忧之。所以话乱极，无序如山风野雨。

“桃子在树上烂了。”阿三将这句话说了五次，可他并没有看一眼桃树和桃子。而我们眼前的这棵桃树，没有一颗桃子，我都不知道他为什么要这样说。他是因风雨才想桃子，而桃子在树上未必如他所想会烂。这就不如风雨飘摇好听，你以为呢？

山如屏壁，立在眼前，苍翠为我所见，斜雨从檐下湿人。墙外有鸡啼，许多年没听到雨中鸡啼，这一个山谷便流水续绿。

锣

锣的声音一直能听到，从前的许多东西现在没有了，现在有的东西很多从前没有。器物中一直没离开生活的，锣是其中一样。我很有幸，一直住在乡村，如今的人稍有条件就会怀旧，敲锣对城里人来说是难以施展的排场，强横的在城里敲锣也有，但总有不识相之嫌。乡村天地空闲，一大早，就有人在敲锣了。

“噔……噔……”，沉闷的、单调的锣的声音天生适合敲在路上，山野间田陌间，尘土飞扬的大道上，晨昏不限。我十多岁时为人家出丧敲过锣，死的是我的朋友驼背。驼背是一种郁闷的疾病，一般都不长命，驼背自己说，等背上凸起的那块郁闷饭瓜一样长熟了时，他就会死，他说果真死了时你替我敲锣。锣也是有些驼的，驼背平时喜欢的事情不多，敲锣就很喜欢。锣中间那块凸出来的地方槌是敲不平的，但它会洪亮地发声，响及四面八方。

驼背真的死时，我真的给他敲锣，锣的声音无所谓好听，只是一种声响，确实有些庄严，巨大的声响里听上去有些肃穆的只有锣声。一路的声音是“噔”和“喤”，堂而皇之，告知四野青山，驼背死了。

后来觉得锣并不是乐器，而是一种礼器，出丧要敲锣，婚嫁要敲锣，从前老爷出巡也要敲锣，锣其实是代替人声的一种吆喝。人一生被敲锣的只有婚与丧两次，平时如果在自家院里拎一面锣敲，会让人诧异，觉着不祥。人生默默地，锣声其序，鸣在正时候，真的悲喜啊。

另有一种与锣一模一样款型的小锣，我们叫“太卵”，这个“太”是土话，有垂、吊、拎的意思。太卵的声音并不是小一圈的锣声，完全是另一种声响，这很让人奇怪。太卵音如小脚老太婆走路，“且，且，且，且……”，有些滑稽，纯是与鼓乐配节奏的，这个应当是乐器。把这种铜做的响器叫作卵，是有一些智慧的。

敲锣是引人注目的。敲锣人周正的不多。锣敲到山顶上时声音哑然。

苹 果

晨起吃一颗苹果，拿在手里就会产生思想：异乡一棵树，树上一朵花。这颗苹果从前是一朵花，这是思想作出的美丽的还原。红苹果的前身是青苹果，那隐遁了的青涩你也可以怀念，包括拿在手里的甜美来自什么样的酝酿。花到果的行程，好比创世，最后的形状为什么要落实成似懂非懂的圆。人生中大量的无聊，可以通过思想充填，会思想就不会寂寞，拒绝思想的时候会是另一种充实。

无数次对思想本身作过思索。思想是一种存在的觉醒，所有有自我意识的生命，都存在这种觉醒。不敢妄言什么样的生命没有自我意识，仅用逻辑推定，本能怕死的生命都有自我意识。有的生命无法将怕死表现给人看，或者是人无法感觉到它的怕，但你会发现它会自救。自我意识是一种独立，再羸弱也是在大世界中建立了小世界，起了区别心，有了局限着的自由，有了与众不同，有了可单独的喜悦，有了躲起来的自恋以及喃喃自语。

造物主对生命建立的宇宙原则是“私有制”，他分配给每一个生命的东西叫作“我”。

思想原始的质地，其简单的构成是一种力。物理学家对宇宙的力的认知有极其弱智的忽略，他们漏掉了自然界中非常重要的一种力——生命的力。举重运动员与万有引力排斥着的力就是生命的力。生命的力是已知的力中最为意外的力，无法定理或公式，虽无序，但为意识所左右。生命力是宇宙中已知的力，是宇宙的产物或许叫组成部分，你不会否认这样的事实吧。

思想作为生命力的一种而存在，没有人否认过其能力，它是迄今为止人们对世界一切可怜认知的唯一本钱。如果有一天人们发现时间像石头一样有质量与重量、可切割可丈量时，你会发现思想也有质地，许多你赞叹崇拜的思想，其实是石头一样的疙瘩，不是钻石。

美丽的钻石就是石头中的智者，智者无它，只是纯粹。智者只追求简单，大道至简。复杂是低层次的，当某一种思想具有无边的琐碎与复杂性时，那就是作者自己已经崩溃与混乱，沦落成了语言啰唆者。真正懂得去处的，对问路人的回答只会画一条线，不会去写一本书。写书者都是为了炫他识过字。老子是被逼的，只写了五千字一篇短文，而佛陀没写过一个字。

山川河流的纹理与树根血管的纹理是一样的，树叶的脉也是一样的东西。圆润才能独立，如水滴、月亮以及宇宙的法则。每一个存在的种类都有它们杰出的思想者，你甚至能在瓢虫中发现智者，它想明白真相。它们像跳蚤一样在蹦跶，仅仅想跳出自我。

“我”是一种精心的塑造，就像那颗开花后结果的苹果。“我”是笼子，是为了把你的思想关起来具有独立性。

人的一生不是为了收获形骸，恰恰相反，形骸最后会败坏成垃圾。美丽是一种形式，不是实质，实质只是精神，所有看似可靠的物质存在都是不可靠的，物质的特性是坏灭。人的一生过完最后的收获是想法，没有想法就感慨，感慨也是想法之一。优美存在于精神，成就不是指影响别人的程度，只是纯化了多少自己。完美的快乐没有质地。

清 楚

嘈杂和安静就像浑水和清水，如果我是鱼，我喜欢流动的清水。

从秋天开始，节气开始清肃，早上起来人的脸色发白，山中，空气里，没有一粒尘埃，天高云淡，脸上不生笑意，只有平和。暮霭朝云都极干净，树也极干净，为了这样的干净连叶子也可以丢弃，树枝松开握着树叶的手，便是零落叹息哀歌一样的气质。

浊水在安静中澄清，尘埃落定。澄清是一段时光，这一段时光是一个过程，叫作安静。秋天里安静中看自己看世界，都很明白。白纸上写字，明白不是白纸，清楚的是写上去的那一抹，在白纸上的黑才是真正的明白。安静中有我，是我在明白。无我是转身离去后的空野，空野无人，就不是我的明白了。

最近做梦也很急，一幕一幕，都很快，自己就觉得失了状态。需要放空一两天，最好连东西也不吃，把自己澄清一下。你试过这样的澄清吗？人是不需要把自己浑身上下洗得很干净的。白纸白昼写白字也是嘈杂，这样的失落别人不能帮你，唯暗夜点灯，才叫关照自己。

清楚是一种质地，人都向往清楚。

诗 性

唯物主义产生于西方，理性这个词属褒义。诗性存在于人的精神中，人世间一切优美，皆是人的精神造化，唯物与理性也都是人的精神感知。因灵性而展现世界，人活着的感知就是精神活动。每一个活着的人，都是唯心主义者；唯物的思想也是思想，思想是主观的。唯物主义假设自己是行尸走肉，是物；假设自己死后化为物，没有了精神，殊不知无意识正是巨大无边的精神空间。

从存在的立场上说，西方文明并不优秀，它体现出来的理性是物欲以及物欲的满足。以科技为标志的西方文明，是“角力”的文明，力的目的是占有，占有物质，这是动物性。你会发现西方人比东方人更接近动物，而且他们是有动物气味的。虎有利爪，可以困顿人，但并不能因此就说人不及虎。

东方的思维方式是“天”，是整个的。中国人可以无知与无耻，但无知与无耻也是整个的。灵性的观照是感性，感性可以像女人的思维似的发生错误，但它的思维方式具有完整性，这种完整会产生诗性。中国的诗人特别多，中国的唐诗宋词，许多都是逾越诗性带有神性的，因此中国不产生宗教，中国人不需要宗教。西方文明引进之前，中国人的教化是诗，高尚的生活方式和精神极致就是诗，字句间你可以不朽，你就是圣人。

诗贵有境界，追求精神大美与灵性的通达，其实就是修行。

我对人常分三六九等，不在乎富贵贫贱有知无知，只看这个人精神质地中有没有诗性。唯物与理性是沉重的，沉重者坠落。轻薄者自由，流淌着的明澈，人生有许多个层面与光景。善意，美感与诗性的共同特征是非理性，即人生终极的慰藉。

时 间

对一个未出生的人来说，根本就没有时间这样的东西存在。你的存在才是一把丈量时间的尺，你数着春夏秋冬，惦记着每年的生日，三岁了，四岁了，你打听别人姓什么，青春几何？然后用秒分小时给本没有的东西画上格子，臆想它“滴答滴答”在走。事实是，谁都没见过时间，见过的只是一种叫钟表的机械在转圈。你从屋外走到屋里，以为刚才过去了，但你又从屋里走到屋外，发现刚才并没有过去。没有流动着的叫时间的东西，如果有变化那是你的念头。念头一刻不停，但念头不是时间，它不是线性的。念头可以倒着忖，也可以顺着忖，还可以横着忖过去，像瞎子摸墙一样。

睡觉是一件奇怪的事，为什么二十四小时里，人必须有近一半的时间关灯一样把明明白白着的念头关掉，而恰好这时天也暗下来，犯不着再亮着一样？所以整个就像一个圈套，或者夜和睡觉根本就是一回事，书一样必须翻一页，让你明白不明白，明白不明白。被称之为睡觉的那个不明白，你说是为了休息也不尽然，休息为什么非要关灯一样的不明白？既然不明白着，梦又是什么意思？不眠的人窥见了夜的模样，头上有满天繁星，有黑暗，有一种东西在淹没明亮，哈欠连天，忽一下什么都不知所踪。所以人是萤火虫，一明一灭，一明一灭地活着。世上没有一个人，从出生到死亡一直连贯着清醒。而几乎所有人都以为自己是一直清醒着的。生命中有近一半的时间你不知道自己在做什么，而且不由你做主。时间的连续只是一种假象。

这其中还有一个有意思的事情是忘记。我们不说记忆只说忘记，如果全忘记，你都会不知道自己是谁。你忘记的东西如果是你一生打拼的东西，这后果就很严重，千辛万苦爬了一次珠穆朗玛峰，回来忘记了，于是当别人提起那个山时，你满是仰慕地说：可惜我没去过。一个忘记自己是亿万富翁的人，他忘记了家，忘记了朋友，忘记了银行存款及密码，他只好去讨饭。忘记是跟时间有关的东西，在时间的终点，全忘记，就是所谓的最后一次关灯。

时间并非线性，也并非充斥空间任何地方，时空与生命计量，在意识那儿才有意义。所以明亮与别忘记是重要的，时间仅仅是意识对存在的计量假设，是文明成果，是虚拟的东西。如果真有流动着往前走不回头的时间存在，那么整个存在便是一只奔跑逃命的鹿。

万 物

万物的缘起，从根本来说，与万物的识见是一回事。众所周知的是时空的无限，在无限中，如果没有识见，存在的只是无限，无限是任何可能，也是任何的不可能，就像是待定状态。如果意识不到，存在就不具有意义；如果能意识到，因为存在的无限性，你识见多少，存在就是多少。你拒绝识见的那部分，其实质还是无限。用你的想象力对无限作一番思考，你难以明了。

这里有两个问题产生：一是识见从何而来。有人说因生而来，又有人说因我而来。世界山河就是我的识见，准确地说，识见因我生，因为我的意识，因为我的认知。第二个问题是识见产生“我”这种想法。人生就是我与“识见”。假如死是停止“识见”，宇宙的存在对你就是没有意义的无限状态。王阳明学问的实质就是这些，宇宙即我心，“未见花时花是什么？及见花时花才是花”。

我们思考这样的问题，也是因为人有意识。意识是宇宙的产物，是宇宙中无限可能的一种，那么“我心”只是宇宙存在的一种“自我思量”，这种自我思量代表的并不只是“我”，同样是宇宙存在的识见。如果代表的只是我，那么一切存在只是因为“我存在”。

无限性是一种事实，这个数学就可以证明。这种构架与模式唯一可以模拟的是人的想象力，即人的思想，人的思想与宇宙存在同质。我们经常会无意识地做一些不那么务实的事，比如冥想，比如出神，比如做梦。做梦就是在无中凭空创造一些实境，让自己置身其中，体验与真实无异，并且也具有无限性。所以无限性可以存在于无中，空中，不想中。

人类的智者早就知道我并不是我，“无我相，无人相，无众生相，无寿者相”。千江有水千江月，江中的月不是真月，是月的影，而“我”不过“真我”的影。宇宙的存在才是真我，而我们要以影为我。这是简单的道理，也是容易迷失的道理。

妄言

所有有形的东西都会坏灭，永恒的只有虚空，这话是佛陀说的。我发觉我的心情可以左右天气，当然天气也可左右我的心情。从小到大怀疑的东西之一是，我看到的东西是否跟别人一样，如果一样，别人不就是我了吗，而别人一定不是我，所以理应不一样。我的心情左右我的天气也就有解了，你们的日子人人艳阳铺地，而我的日子可能偏偏下着雨。

不相信街上走的人跟我无关，这些人都闯进我的世界里来了。我睁眼才有的他们，我闭眼，这些人都没了。于是我很热情地去跟人打招呼，约有三分之一的陌生人会应。对不应的三分之二，我采取回头的方式，让他们从我那里消失。我现在压根就不相信地球上有那么多人，那都是别人告诉你的。如果你星期天发现街上挤满了人，你要知道，那是你的世界人气在旺。

无论认不认识，既然你闯进我的世界，理论上都够得着打你一下做记号，包括梦中。所以我们小时候梦中挨打白天也是记仇的。

蚊 子

蚊子这两天专咬脚底。透过袜子再透过厚实的脚底的皮，这是蚊子在垦荒。对烦难一直有恻隐之心，比如乌龟翻不过身来时，扛着食的蚂蚁爬在枯叶上，而树正好风里落叶。蚊子啃脚底也是算的。脚底皮厚，鼓不起包来，就厚实地痒，感觉就像渴极了碰到一潭浑水。一直不解，挠为什么能止痒，又没有把蚊叮的包挖掉，是靠什么原因止痒的呢？脚底皮是最难挠得清楚痒的地方，它含糊地木木地发痒，要半个钟头。找了张爱玲的《小团圆》来看，看了十页还不知道她在说什么，痒又挠不着，大怒。

舟山有一种米食叫倭井潭硬糕，不是以味道出名，而是靠硬出名。有一种人对食物嗜硬，就像嗜甜嗜咸那样，这种糕就长销不衰。由此而联想，有的蚊子可能也有嗜硬的口味，不然为什么要啃厚脚底呢。老鼠、兔子都是需要磨牙的，没事干咬砖头，“嚓嚓嚓，嚓嚓嚓”。

兰房浇水都在晨昏，一个夏季草都长蚊子，兰也不例外，浇一次水一般会咬几十个包，几十年数下来，好比滴血饲兰。蚊子有大小年，这个不知道了吧？从初夏到秋后，蚊子有十几个品种此去彼来，这个也不知道吧？嗡嗡叫的花脚蚊子是在正夏，每晚黄昏会做市，一阵一阵地哼着舞着，咬人是最呆板的，又会嗡嗡地告诉你，一般总被拍死。

蜗牛大年时，蚊子就小年，苍蝇也小年。蚊子大年时，蜘蛛、壁虎也大年，这些我们家都有，一般都是不杀的。唯有苍蝇，粘粘纸翻开如书，苍蝇便爬在上面。有人说：你们家苍蝇也读书。

再大的是蛤蟆和蛇，这由小狗和阿汉负责，小狗把蛤蟆翻过来，等蛤蟆千辛万苦翻身，它再用脚把蛤蟆拨翻。大狗阿汉捉蛇，这许多年里它已捉了两条眼镜蛇了，无毒蛇阿汉不捉，狗是天生认识草药与毒蛇的。还有鸟，除了燕子，来做窠的鸟最多的是麻雀，还有野鸽子，去年有四只鸟巢在树上，孵出了八只小鸟。鸟是吃蚊蚋的。

还有蚂蚁，蚂蚁平时不出来，下雨前出来，或者吃食掉地上时，全家老小排着队浩浩荡荡都来了。如果我在写字，它们一会儿就会排着队回去，没来过一样。

喜

从前做年糕，做团子，做聚屋馒头，热气腾腾出笼时，会用花印蘸了朱红，在雪白软绵温热的中间盖一个印，一般都是桃花或梅花印，但有一种是盖喜印的，比如贺新媳妇生子的团子，盖印的便会选父母双全的童男，讨一个吉祥。事情因有寄托而慎重，怕盖得不正，盖得不鲜亮，我每于这样被选着盖红印时，必重重地把印按得凹陷，行大礼似的，脸也涨得通红。

菱花四出，桃花五出，雪花六出，出是指花瓣。印油是朱红或梅红，被印在米面皮上的花印，可以揭下来贴在额上。表妹阿每，就经常贴梅花的花印扮新娘，而从前的新娘并不在额上贴花，所以我们就叫她阿每大无。年糕要水浸，浸在清水中的雪白年糕，个个都有鲜红的花印，就像水中真有桃花梅花在盛开，干净而且不凋谢。

盖双喜红印的一般都是粗馒头，黄褐色的馒头上很大一颗印，馒头也是一对一对的，用红布盖好，放在竹篾精编又金漆的幢篮里。从前蜿蜒的山路上经常会有这样的队伍，这个队伍叫忘娘担，是姑娘出嫁前，由姑娘的弟弟亲自挑着至夫家的，人未至而心意到，是叫姑娘到夫家要一心一意，从此忘却娘家的意思。这样的“信”让舅子带来，虽然没有言辞，热闹的气氛里，路上山水田陌皆可做证，乃至雨蒙蒙，家家户户都起炊烟，忘娘的忘，仿佛是真的。

忘娘担不作兴吹吹打打，而半个时辰后迎亲的队伍，就整个是喜气洋洋，坐花轿，凤冠霞帔。我们小时新娘的行头已经不太讲究，如果真的扮起来，就完全跟戏里一样。

阿每小小年纪扮新娘，也是因为她看见过这样的好，新娘出门前用两根棉纱线绞面，就是将面上的毫毛绞下，叫作开面。我猜想“别开生面”四个字就因此而来，而绞面是痛的。

新娘子有孕也叫作喜，这个喜仿佛才是正题。前面的铺排是开花，而后面的好处是结果。这个喜反倒繁华尽失，只是默默的。我没见过穿红着绿的孕妇，只有素面朝天坐着晒太阳的，懒洋洋，坐得竹椅吱嘎作响。等到小孩夜啼，这时会有“相谅盏”一碗一碗捧出，小小一碗红糖米饭，饭尖上缀一粒红樱桃，分赠左邻右舍的小孩，意为将来为伴不欺不吵互有相谅。这一盏米饭的尖头的红是花印变成果子了。

阿每后来也这般嫁人，这般生子。她还把着她儿子两只小手教他唱儿歌:丢丢虫，虫虫飞，大麻将叼食去，小麻将管屋里……

意 思

弹涂是一种鱼，水上水下都能呼吸，不善于游泳，善于在落潮的海涂中跳。把弹涂捉来，放在浅缸里养，盖上盖，一夜之后，弹涂们的头都朝北，身子捋直排着浮在水面，条条都睁着青蛙似的眼睛，望星空。盖子上没有星空。

弹涂的北望，是一种留在基因中的印记，一定颇有意思，有巨大的意思。你可以对我不理解，但我们都有意思。人如果有弹涂那样水上水下都会呼吸的本领，将被视为神通。弹涂守在海与陆地交界处，既不到海里去，也不到陆上来，这也有意思，我觉得守候就是意思。还有一种意思是弹涂特别鲜美，好东西才鲜美，是能量饱满的生命。

对人来说，鲜美必须有水分，味精除外。味精是对舌头的欺骗，这样的欺骗如今很多。弹涂始终找得着北，人没有这样的本领。

虽然立着也不会陷下去，我还是很有节奏地跑。平时几乎不运动，似乎已经把跑给忘了，没有，这就很好，就舒展开来，我记得这有点像鹿。不用花力气这是一奇，赤着脚又是一奇，点着的地方有涟漪。梦中我在水面上跑，当时的疑问是，为什么这么多年今天才试，分明这是不难的。清水，跑过去也是清水，只要不停下来，脚下始终是清水。

我就这么以为拥有了水上赤脚走路的技能，并赞许自己对水的体恤，我能在水上站着，依然跑一跑的意思是：这样托着我的水可以轻松些。人在水上行走，是人和水两种事物共同的事，如果仅以为是你在水上走，就是不地道。人没有想过这些，所以人不能在水上走路，一直都不想，一直都无法在水上走路，沉是必然的。

鱼能，木头能，因为鱼和木头都这样想，铁如果能这样想，铁也能在水面走，船如今都是铁做的。所以能不能在水上走，跟质地无关，只跟想法有关。陆地，它迟钝一些，办法有些笨，它只会缩作一团，缩其实也是逃遁，变成球之后，它逃无可逃。人因为渺小，没有看出陆地已经缩成了球，我小舅舅就至今以为陆地不是球，他是脱离了渺小的人，眼界非常大。

地球凭空着，太阳凭空着。凭空是什么意思？

银 河

河图洛书演化出来的太极，是璇玑，转是因为正负阴阳的相生，宇宙的动力是正负、阴阳、生灭的成。这个成是存在，存在就会显出动态，璇玑就是存在的态，不动是不行的。小至原子，大到银河，都是一样的形状一样的理，你对着这个图看，看着看着你会笑。存在就要让你动，让你身不由己。

一只蚊子停在墙壁上，是惊心动魄的事，它不会掉下来，七十亿地球人没有几个做得到，佛说这就是神通。鸽子知道磁力线，蝙蝠听得到超声波，海鳐自己会发电，萤火虫自备手电筒，但它们都不知道奥巴马。

佛说，世界不归我管，我不是领导，世界也不是我造的，我不过是个知识分子，知道些道理而已，你也可以知道这个道理，方法很简单，不要想太多，往简单里想，简单，再简单。

一切都凭空而来，仅仅因为你哭着睁开了眼，不知道你要干什么，天地就必须宽泛。银河也很偶然，如果你的心非常大，银河只是一粒尘埃。

鱼狗

两条腿都神经剧痛，终于不能走路，整夜痛，醒着没事干，研究起痛来。痛的原因是次要的，去痛的法子可以想。心定下来，可以省去痛的百分之五十；心要一直定着，一走神，痛又会恢复。流水一样诵《心经》，脑子会清明，痛会变小，痛还是痛着。冥想鱼在海里一口一口地喝水，痛会惊诧。

用念力驱散痛，因痛点不固定，赶不出身外去。痛是一种能量，巨大的有利用价值的能量，脉冲式的痛，是电流的一种。

鱼在海里是零星的，躲在海水中按理谁也找不着谁，但因为恐惧要聚成鱼群，黑压压一片，无状又惊恐地飘忽，这就是痛，无根又无序的难受。痛、痒、酸、麻、恶心，比较硬朗的是痛，切中要害，干脆爽气，比较符合我的性格，我这样的人是适合痛的。

小狗夜吠不休止，恶心恶肺地有戾气，这也是痛，估计是看到了不该看到的东西，新来的布丁听着忍着不起哄，当它没有。应当孤独些，鱼如果是另一种活法，不去凑鱼群，痛是可以避免的，小狗也完全可以闭起眼，像布丁一样不大惊小怪。

手不能触及的，眼睛可看见，眼看不清的，思虑可到，思虑不能念及的，可以神往。神往是活着最自由的能力，虽然看起来没什么用，却是生命宝贵的全部意义所在，否则人就是鱼狗，或聚或散都是苦楚。

生命的优美与高贵有一个衡量法则，并不是富贵，是你一生有多少辰光清闲。富贵者劳碌，不劳而得富贵者易夭，而劳碌却是一种贱。

第三辑　边缘

城 边

三十多年前,现在喧闹的半个城市都是田陌。茭白地水气沉沉,还有藕，这时候藕塘里都开着大朵大朵粉或白的荷花。青蛙整夜都会叫，偶尔能看到稻田里叫着的青蛙。青蛙趴在水中，真个是趴的样子，双手压住水面，上半身就露出来，人趴在窗台上也是这个样子。青蛙的腿非常像人腿，大腿、小腿、脚，连脚趾也有，不过脚趾只有四枚,看上去比人腿健美。青蛙长这样的腿不会走路,只会跳,跳也是一坐一坐地坐过去。但青蛙是丑的,只有蛙鸣动听。

紫英开花如织锦，田里细碎的青叶上铺满了花，蛙鸣声四起，耳朵眼目就都是满的。茭白的古名叫作蒋，姓蒋的都是“茭白”。茭白胳肢窝里长穗，跟玉米一样，秋天的茭白叫作菰，秋水枯叶沧波，菰便萧萧瑟瑟，露湿脚。人添衣，晨起清清冷冷，自行车的铃叮铃铃地响，大饼油条的气息，茭白田边都能闻到。

城东有一家榨油厂，到秋天榨的是麻油，秋天的晨雾就飘着这个油香。余小波跟我做过十五天的室友，那时我们就住在城东。晚上两人出去买水果，我买了四个石榴，余小波不吃石榴，他以为我是故意拣他不吃的买，就生气，装着也喜欢吃石榴的样子，连皮带壳咬石榴，嚼碎吐掉，一口气嚼了四个。我看着他的吃相大笑，他很愧疚，从此认定我就是好人，一做做了三十年朋友。余小波与我分手后径直移民去了美国，前二十年一直没见，只偶尔写信来，近十年来每半年会在半夜里给我打一个电话。我与小波其实一共在一起的时间只能按小时计，但他竟不依不饶地惦记了我三十年，且只是因为四个石榴。

余小波对国内的了解就停留在茭白田旁边麻油飘香的秋天，其他都是听来和想象的。他在电话里一直用舟山土话跟我说话，说着说着老问："阿叫奈（听说你们）每日上班报看看茶喝喝，落班每日吃喝嫖赌？"开头我是会给他解析一下情形，并说大部分人如此，小部分人不如此。大部分如此的人中，也并非每时每刻吃喝嫖赌。后来他每次必问，我懒得再解释，就果断坚决地回答：是的。全部都这样吗？全部都这样！哇……他在电话那头惊叹，声音里充满了无限的向往和憧憬。

余小波说，他在美国很土，土到头都自己剃。我告诉他一个故事，从前有一个和尚夜里自己剃头，另一个人看见无限惊诧：你自己剃自己的头，而且居然不点灯？余小波你自己剃头点灯么？

城 吟

舟山是个荒僻的地方，历史上又遭遇过两次海禁，留下来的史志是断代的，只有宋《昌国县志》、元《昌国州志》和清《舟山志》《定海厅志》。我看史志，喜欢看灾害，我以为这个东西不太能杜撰。舟山历史上，每隔约莫四五年就会大旱一次，最久的一次旱了七个月。舟山没水灾，只有旱灾。没水灾是因为舟山四面皆汪洋，再大的暴雨，洪水顺溪河全部入海，不消半个时辰。舟山的水灾只可能是海啸，乃是海水涌上陆地来，史志中无记载，那就是没有发生过。即便是八月十六大潮汛，海潮入村，也不过床浮缸漂，潮退水也退，不太会死人。

怪异的是城吟。城吟，就是城叫了，而吟，仿佛还带有唱腔。城吟之说别处没听说过，只见于舟山的史志。舟山有志可查的城吟有十多次，半夜里城的四周突然一片呜咽，如箫如笙，人便大骇，所以归为灾害类，但对人并没有多少妨碍，只是有些莫名的恐惧。

城为什么会吟？志书里没有说，我想象一定非常嘹亮，而且热闹。人在眠，城在叫，惊醒的人们连灯也不敢点，只惊恐地挨着，挨到天亮，登上城头，唯白雪飘飘，什么也没发生。

城一定叫过，否则不会记在志里，这是什么样的叫声呢？

乘凉

盛夏只要风不热，寻一棵树就可乘凉。树小蝉声就近，太吵，最好是大树，大树里沙朴又比樟树好，沙朴叶色绿树阴浓，容易爬，乘凉时或可爬到枝丫上坐坐。桂树梅树虽也有小荫，阳光是漏的，地上光影斑驳，阴天里搬条凳子坐着的有，乘凉是不作兴的。

如果树下有井，乘凉则老樟树比沙朴好，最好在正午，人少，树阴在地上是灰的，井台边洒出的水是黑的。有井的地方一般有石凳，如果长宽适宜，不妨睡上一觉。

屋角背阴处乘凉，最为悠闲，地上扫帚划过，洒一些水，放几把竹椅子，就会有人坐过来聊天，如果备些茶水在小桌上，人会多几个。老头子们黄昏时一般都在临街的山墙根乘凉，烟斗敲鞋底，说三道四。刚娶了儿媳的小老头，肯定是被取笑对象，爬灰长爬灰短，其实并不好笑，但总是个个眯着眼笑。偶尔有熟人街前走过，一打招呼，话题就在别处了，大多是听来的马路消息。

弄堂里乘凉有弄堂风，如果是穿堂，可以凉风习习一下午。女人们用门板作铺，做些大件针线活，小孩子摇篮里安睡，家长里短嘴不空着，那时候女人叹苦经的多。顽童绊了门槛哭闹，舀一勺冷水可以哄好。

夜里乘凉就在屋前的院子，抬头看星月，蒲扇赶蚊蚋，田野虫鸣，溪沟层层叠叠。蝉在夜里不叫，墙根窸窣声的是蟋蟀。石榴、夜夜红、凤仙花在暗色里开着，草丛里萤火虫一明一暗。这时会有故事听，一般会讲牛郎织女，星星能数得过来。明月之夜能看清竹园，茄子地，以及溪边白乎乎的冬瓜。

天太热的夜里就抱着席子寻大旷地乘凉，四邻八舍老老小小睡一地，仰面看天，银河真的像河一样横亘天际。还有乘夜色穿花裤衩纳凉的小媳妇，这样的天时再放肆也不会有风流韵事，恶作剧会有，一般并不算作是吃亏。

半夜露上时，凉睡的人们纷纷回去，旷地上还有三五睡着了的顽童，头发会被露打湿，但不会生病。如果惊醒会诧异，如果是剩下的最后一个，就丢下席子枕头逃命。这样的夜里家家不闭户，也没有狗。

大蒲船

宽松的东西我喜欢，比如赤膊。台风天会有风雨之下的凉意，就在赤膊之外套一件大人的衣服，长可及膝，手伸不出袖管，空袖管垂着，走起路来有浪荡相。赤着脚跑来跑去踏积水，好像每次都是这样的打扮。

大蒲船，正式写法应当是大捕船，是木帆船的一种。臃肿粗笨的造型，似扁又宽的样子，帆倒有三行，三片蓬帆如树叶，扯立起来的时候，船就缓缓地踽行。大蒲船出海，身后还拖有一条小舢板，像一个大肚子的孕妇走路，还拉着一个蹒跚学步的小孩。这样的随意闲适船里面少有，每次看见大蒲船在海上，也总是静和的好天，海上有洁白的莲花云，海面静而湛蓝，视野异常空阔。莲花云是台风将来的先兆，台风去后也有，云是大团大团的洁白，在天上也是很安闲地驰来驰去。等到莲花云颜色黑沉起来，云就在天上急驰，这样的云我们叫它“野猪头云”。野猪头云连绵，云叠成整块，半边天空盖上黑幕，飓风将至，还有一半的天依然天日朗照，扑面的小风在发际嘶嘶作响，树枝摇曳，大蒲船掉头回港，一只只都正好在途中。

大蒲船拘大鱼，大鱼只有这一带海域有，拘大鱼的网线粗如草绳，这样的大网可以捕小孩。大鱼是石首的一种，脑子里有白色的石子，常见的是黄鱼、鮸鱼 、大鱼。大鱼是土名，真名叫黄唇，还有一种叫毛鲿，可以重到一百多斤，其胶名贵，是大滋补的药，如今贵逾人参。风来海流急，石首们脑中的石子就会动，石子跳动，鱼们头疼欲裂，大蒲船悠闲地用粗糙的绳网捞头疼的大鱼。台风前后，一条船一天可捕百十来条大鱼。石首类的鱼失水即死，剖肚取胶，肉用斧头一段一段地砍开，截面形如蝴蝶，这肉就叫蝴蝶肉。台风季节的大鱼汛，天天吃蝴蝶肉，多出来的还要盐腌日晒，这就会没完没了地吃到过冬还有。杀大鱼的情景，是在檐下石板地里，此时风撼雨摇，檐水如流瀑，水跌在地上哗哗流淌，用这样的天水洗鱼，好像也是时令。台风来时家家闭窗关门掌灯，急雨豆子般打在屋顶门廊，一片水声。雨斜着飞来，随风而飘，风又揭屋掀瓦的，压得屋顶嘞嘞作响。屋顶处处皆漏，须用桶、盆来接，漏处多时还要用到碗，红花碗，蓝边碗，摆得地上到处都是，接漏水的好缸破盆碗碟都会叮咚作响。小孩逃到床上，穿着大人的衣服坐拥着，惊恐地关注着屋外的大风雨，不敢出声。大蒲船被系在岸边，在狂涛里摇摆，每次台风中总会被刮走几只，或者崩漏了船底，瘫在滩涂上。

风过雨就歇，檐水还在响，天就清白有日头了。溪水横流，池满，缸满，路上潭潭积水，败叶一地。风余意未尽，吹身上有阵阵凉意。暴涨的溪流里有上游冲下来的瓜藤枝叶，番薯只有大拇指粗，被雨洗得洁白，嫩得手搓即可去皮，咬在嘴里，没啥滋味。大风雨后夜里天空特别干净，星明亮，月在朔望如鹅毛。海边木船船舷弯如片月，静静地候潮。大多数时候，看见海上的大蒲船，都会忘记船上是有人的，好像这样的船，本就是风前雨后鱼一样活着的东西。

大 鱼

石首类的鱼，脑子里都有一枚白色的石子。从手指大的梅鱼，到大如人身的黄唇、毛鲿，以及居中的黄鱼、白果、黄婆鸡和米鱼,头腔里都有石子,所以叫石首。黄唇与毛鲿在舟山被叫作大鱼，在从前是很常见的一种鱼，产于钱塘江口的黄大洋。钱塘江入东海，就是舟山群岛，滩浒以东，大小鱼山至五峙这一带叫福山洋，福山洋接本岛，其东南水域连金塘、册子的那面海是金塘洋，如今连岛大桥五桥串联的地方，这一带都盛产大鱼。

水深五十米以上，多礁石湍流、黄水，大鱼在每年的夏天，不知从什么地方来，游到这一片水域，声声如田蛙之鸣。石首类的鱼咕咕叫，鱼越大声越响，但水域苍茫辽阔，风过水流，平时听不见，只在月夜静海，撑一条木帆船，用绳网把鱼从海底拖上来时,声响就不绝于耳。大鱼是半深水鱼类,一拖出水面失压就死，叫声立止水面上，叫了一半的鱼条条目瞪口呆。

大鱼个头一般在五十斤以上，上一百斤的少，大多数是毛鲿，毛鲿全身灰黑色，黄唇则通体金黄，鳞甲特别大，如成年人大脚拇指的指甲般，我们从前揭几片大鱼的鳞拿在手里觉得好玩，但不知派什么用场好。捕大鱼取其胶，胶与鱼等价，鱼肉是送的。一百元钱一条鱼，鱼胶就值一百元，光买肉则几分钱一斤。大鱼肉不好吃，放嘴里柴口。柴口是土话，意为干巴巴而寡味。破膛杀大鱼，其实鱼离水就死了，只是破膛取胶。百把斤的鱼，一般都抬到井台，木桶打井水边割边冲淋，取其鱼胶，晒干有一斤多，玉白色，扇形，黄唇的胶有双“耳”。破膛后的肉一片一片横截割下，形如蝴蝶，我们叫它蝴蝶肉，这肉红烧、酒醉、盐腌，还有糟，一条鱼一家可以吃上好长一段时间。

舟山的民间，从前谁家生了男孩，就会去“拿”一条大鱼来，取出胶藏着，待小孩十六七岁发育时给补身子。大鱼胶的藏法是晒干放在米缸里，日日取米日日见，胶也一年又一年干缩成石骨铁硬，取米时常碍手脚。我出生那年，家里也“拿”了一条大鱼。那时家在马目，马目山的黄金湾，世代都捕大鱼，一条不大的木船，五六个人，一顶网眼碗口大的粗网，捕鱼就在家门口看得见的地方。捕大鱼是在夜里，金塘洋面夜里的潮水是响的，捕鱼者都赤着脚。鱼眼睛在夜里会发亮，海乡荒僻之地多杜撰者，说大鱼的眼睛是星，夜海捕大鱼如摘星。

每只船一夜能捕几十条鱼，用草绳穿腮从船上抬下来，放在海边的石头上，要的人就去“拿”。我出生时家里拿来的那条大鱼三元钱，那时候供销社收购大鱼干胶，定价也是三元一斤。那条大鱼有一百多斤，后来我家帮城里亲戚弄鱼胶又买过一条，记得那时家里天天吃大鱼肉，我都吃怕了，看见蝴蝶肉就哭。

我家的那条鱼胶在米缸里放了十六年，其间搬了五次家，还在不知什么时候被老鼠咬去一只角，老鼠没有把鱼胶啃完，估计不是吃撑了就是咬不动了。估摸着我要发育了，家里开始给我吃鱼胶。先用淘米水泡了一星期，淘米水是每天换的，泡到鱼胶发软，用刀切开。做法有酒滔与酱滔两种，是一甜一咸两种吃法。滔是民间特有的烹饪法，似乎只在弄大鱼胶时才用，就是加了酒或者酱油用甑隔水蒸。久滔的鱼胶呈冻状，吃鱼胶补身体一般是秋天，鱼胶结冻插根筷子可以直立，胶冻割成块状，一次吃不下，吃得下也不能吃，据说会被补过头。于是每天像范仲淹食粥块似的，一天一小块，那根鱼胶吃了一星期。一半做成咸一半做成甜，用来换口味。

鱼胶的味道奇腥，实在难以下咽，我后来假装吃完，然后偷偷吐掉。体质干净的人，不能接受任何补品。任何所谓补的东西，于我都不适宜，包括鸡蛋牛奶。质地清洁容不得掺任何野水，如果是女人，这样子的先天秉承就叫天生丽质，而在男人那里就是目明。目光如炬的好处是识物识人辨是非。前两天去徐锋家，他竟然还保存着一叠我们年少时的老照片，照片里的全吉比我矮，二十岁那年，他突然蹿高一大截，足足比我高了二十厘米，问都不用问，那一年是家里给他吃大鱼胶了。

胶即鱼鳔，我们小时候认为是鱼游泳时调节沉浮的气囊，如果仅是气囊，鱼犯不着集全身精华做个浮子。石首类的鱼都有胶，不知道鱼们生个胶用来干什么。我父亲晚年叹岁月蹉跎，到水边四处拣石子，想万一拣到好石子可以作为收藏，我说你晚了，当初大鱼胶三元一斤时，你每个月买一条放米缸里藏到现在，就好了。我家买大鱼那年，他居然用120元钱买了块上海牌手表。那笔钱当时可以买四十斤大鱼胶。

海岛是风生水聚之地，天宝物华尽生海中，鱼的力量在于尾巴。人身大小的石首，从前成群结队，现在零落得几年才能偶尔听见，海底深处大鱼有还是有的吧，有也是孤独得很了。

风

这两天一直关注台风。从没有研究台风的习惯，这次纯粹是心血来潮，想那风的名字虽然叫梅花，真令人有点喜笑颜开。

今天下午四点钟，卫星水气云图中的台风梅花，是一只凤凰的形状。因为地球自西向东旋转，北半球的来自赤道的气旋都是逆时针的，从上到下鸟瞰，太阳系是逆时针旋转的，银河系是顺时针，台风云图与银河系相仿佛，大而旋转的东西因为道理相同，样子都是很像的。把这样的旋转“逻辑化”就是卍（wàn）字，世界各民族的原始图腾中，一般都有卍字，因为旋转代表一种存在与浩大的能量，这有天机。

早上吃饼，碎屑掉在书桌下，下午发现有几十只蚂蚁奋力扛着，已移到了门口，疾呼拿扫帚的人住手，切不可糟蹋这样的千辛万苦。饼屑拖了十几米之远，又是成功在望，做人须在如此光景手下留情，须知我们也有这样的时候。

午后去山顶观风，乌云大团大团从东北来，天空还有一角是蓝的，云还没凝成整块，大风干巴巴，菜地还得浇水。

现在风有些大，丝瓜棚用绳络了大石头加固。又见蚂蚁们排着队急吼吼奔走。台风我们从前叫作风水，风水之前总是看见排队的蚂蚁在路上。有童谣《蚂蚁歌》这样唱：

蚂蚁欸
阿爹阿娘欸欸其
砧板白刀宰宰其
前门后门关关其
蓑衣笠帽戴戴其

蚂蚁欸
阿爹阿娘欸勒来
砧板白刀背勒来
前门后门关勒来
蓑衣笠帽戴勒来

海

我家对门的东海，是沧浪之地，传说从前是一块陆地，有一个无比繁华的城市，叫作东京，忽一日东京塌入海中，这块陆地就成了东海。东海的海底有城池遗迹，如今捕鱼的渔民经常会捞出巨大的城砖。海水淹东京的时间大约在三千多年前，与大禹治水同一个时期。中华文明分为两部分，大禹治水前与大禹治水后，大禹治水前只有依稀恍惚梦呓般的历史。

《山海经》在汉以后就没人能读懂，但它对东海的记述我是相信的。《山海经·大荒经》中说：在东海的岛屿上，有一个神人，长着人的面孔，却是鸟一样的身子，耳朵上穿挂着两条黄色的蛇，脚底下也踩踏着两条黄色的蛇，他的名字叫禺豸，是黄帝的儿子。禺豸有个儿子叫禺京，禺京就居住在北海，禺豸自己则居住在东海，他们都是海神。

有一座山叫招摇山，山中有条溪水流出，叫融水。

有一个国家叫玄股国，那里的人吃黍米饭，能驯化并驱使虎、豹、熊、罴四种野兽。

有一个国家叫因民国，那里的人姓勾，以黍米为食物。因民国有个人叫王亥，他用两只手抓着一只鸟，正在吃鸟的头。王亥把一群牛寄养在有易那里，请河伯看管。有易想把王亥杀死，得到那些牛，事情败露，被王亥发现了。河伯念及与有易的交情，帮助有易逃了出来，后来在野兽出没的地方建立了一个国家，就叫摇民国。另有一种说法，认为帝舜（远古帝王）生了个儿子叫戏，摇民国是戏的后代。

海内有两个神人，其中一个叫女丑。女丑有一只大螃蟹。

在大荒之中，有一座山叫孽摇頵羝。山上有一棵扶木（扶桑树），高三百里，树叶的形状像芥菜叶。有一个山谷叫温源谷，里面有一个汤谷（是太阳洗澡的地方），上面也有一棵扶木，一个太阳刚刚回到汤谷的扶木上，另一个太阳又从扶木上出去了，它们都背负着三足乌。

有一个神人，长着人的面孔，有两只大大的耳朵，还有野兽的身子，耳朵上穿挂着两条青色的蛇，名叫奢比尸。

有一群长着五彩羽毛的鸟（鸾鸟），成双成对翩翩起舞。帝俊（远古帝王）从天上下来和它们交朋友。帝俊在下界有两座祭坛，都是由这群五彩鸟掌管的。

在大荒之中，有一座山叫猗天苏门山，那是太阳和月亮初出升起的地方。

有一个国家叫壎民国。那里有好几座山，一座叫綦山，一座叫摇山，一座叫䰝山，一座叫门户山，一座叫盛山，一座叫待山。还有一群五彩鸟。

寒 食 帖

——简评东坡《寒食帖》

宋朝三百年，书法成就大观。公认的四大家是苏黄米蔡。蔡家因为是奸臣屈居末位，列入四家的蔡襄事实上不及其兄蔡京，窃以为，单以书论，当为蔡京、苏轼、米芾、黄庭坚。东坡诗书画词文章无不绝，天才中的天才。东坡吾从小敬仰之，吾十四岁酿酒便是受其影响。东坡酿酒水平之高,宋一朝见文字者仅此一人。

东坡在黄州时作《寒食》诗，这法帖便被称为《寒食帖》，是东坡书法的代表作。

用毛笔写字，端正的字是毛笔字，俗称大字，不是书法。书法是线条的艺术，有人以为人类的艺术手段，以音乐与书法为巅，这二者都是节奏的艺术。书法为中国独有（韩日的那些毛笔字是笑柄），中国文化称书画同源，书法的鉴赏方法与中国画同，讲意境讲章法讲笔法，讲艺术处理的手段。而书法的意境是指格调，格调即人的心灵位置，格调是学识修养遗传环境的综合体。蔡京虽为奸臣，但为人冰雪聪明，其字便有冰雪之姿，我是极仰慕，可惜学不来。东坡心胸的旷达，情感的率真，表达手法的娴熟与准确，在《寒食帖》中纤毫毕现。《寒食》无一笔俗，真正的雅俗与时代无关，真正的艺术是超越时代的。

对书法而言，笔墨线条是表达语言，古人写字就学书，但并非人人是书家。线条很重要，线条是笔迹，笔迹即心迹，你心浊，字可以好看，但永远写不出“清”来。《寒食》中的线条，是拾枯枝作火，有隐约的骨力，笔法肆意而自成法度，破成规，开生面，如今看去也是新的，你意料不到，居然可以这样。这里面其实并没有法度，高手一切以神为意，神之外都是放的，所以鲜活就这样产生。中国书画鉴赏讲神、逸、精、凡、下。神品必要有神，逸品达不到神但要有气质，精品是手法娴熟，技术上过关。有人努力一生，做得笔精，但神韵气质非下功夫就可达到，神韵气质是自来的。凡品下品不用说，走进现在任何一个书画展大都是。

但就画面气质论（看字如看画），吾以为《寒食》是逸品。但此帖是诗稿，诗表达的与字表达的明显不一致，字如秋雨，而诗平实。东坡是自然主义者，《寒食》诗是人间的，《寒食帖》是非人间的，是自然主义手法，不落窠臼，手到笔到，无任何技法上的呆滞痕迹，但未入神，故不是神品。极致的艺术都有宗教倾向，在心灵那里。你有机会去看弘一、八大晚年的字，就会明白。

哼唬

海岛把猫头鹰叫作“狠唬”，斯文一些也可写作“哼唬”。又把棕榈叫作“夜枭”树，枭也是猫头鹰。这都跟声音有关。

猫头鹰夜里停在棕榈树上，棕榈树如扇的阔叶间露出一张猫脸来，哪怕这张脸上的眼睛并不犀利地盯着你，你光是瞥一眼夜色里树长了一张脸，都能让你惊叫而逃。半夜，猫头鹰站在树上叫，不是猫叫的声音，是鸟的长叹。“哼唬”不是叫声，是形容这种莫名其妙又叫得不是时候的声音。舟山土话很感性，多形容词，又极为生动。用舟山方言写作，文辞可以省很多力，可惜许多字字典中没有。

枭、哼、唬，都能使人联想到突兀而吓人，非正常状态，猫不为，鹰也不为，独猫头鹰这样。猫头鹰作为鸟，生了一张猫脸，这已经非常奇怪了，它又像猫一样捉老鼠，似乎很配长一副猫脸。它会飞，昼伏夜出，夜色中潜行，又无故作深夜长叹，这些都令人惊心。

我一直对“哼唬”很疑惧，因“哼唬”对棕榈树也很疑惧。没有“哼唬”停着的时候，棕榈树在雨夜无风自响，“呼呼呼呼”，这样子有点吓人，使人在白天都绕着棕榈树走。

有人说棕榈树是“河水鬼”投胎，因为棕榈乱蓬蓬的形象，而且还有松松的头发，棕丝是一张张包裹着树干的，棕榈是自己会长衣服的树，叶子也不像叶子，像许多张开手指举着的绿色巨手在风中抖。河水鬼是鬼的一种，指水中溺亡的鬼，棕榈的河水鬼投胎应当专指女鬼，男鬼没有这种效果，尤其是身为光头的男河水鬼，则无论如何都不可能变棕榈，要变也是变成葫芦的。

“哼唬”为什么要停在棕榈树上呢？它们或许只是想做一种搭配。事实上我从未见过棕榈树上站着“哼唬”，也很少见到猫头鹰。

红滴答

我母亲七岁在石佛庵的私塾里念过一年书。几年前我为写一本书考证吉祥寺，把从石佛庵找到的石佛头从山上移下来。石佛是宋朝的，石佛庵是吉祥寺的后身，吉祥寺是石佛庵的前世，那尊石佛是接引弥陀，吉祥寺被烧毁后，石佛一直立在废墟的荷花池上，许多年后，后人在废墟溪流之侧的和尚山下建了一个小庵，叫作石佛庵。老娘过世时，我就在石佛庵为她做法事。

我母亲十九岁那年，当了和尚山下那条白石街所在的乡的乡长，我的老师傅元华前两天还跟我说，新修的乡志里有你母亲的名字，一个小姑娘，居然当乡长。傅老师的家就在石佛庵对面，石佛的头就是在傅家老人们的匿藏下保存下来的。

四十年前，还是小学生的我，跟伙伴爬到九峰山山顶的大潭岗去劳动，种茶树种杉树。山顶的大潭是个四五亩大的天池，有上百年的乌龟黄鳝活着。潭水里丛生着蒲芦，大潭是从前寺庙的放生池，这个寺庙是吉祥寺的前身崇福寺。一千多年前高僧惠超渡海而来，从山下的锦沙渡口向九峰走来，爬到山顶的香柏岩下，结茅为庵，开创了一个延续了六百年的香火道场。惠超的继承者在山顶修持十三代，坚守了二百年。

到宋朝，山顶出了个大德叫真大悲者，上山的善男信女成群结队。当时的昌国县尉丁渐，感乡民上山礼香不便，在山下买了一片地，舍施给山顶的寺庙，请真大悲者下山，于是有了花粉山边的吉祥院，吉祥之名从此始。宋英宗时御赐庙堂为吉祥寺，至元朝，寺广六百亩，有一千两百五十和尚，与天童雪窦齐名。当时的盛况有人记道："朝宗万派，银涛俱萃于东溟；擢秀九峰，金刹忽标于彼岸。"明洪武十九年，舟山海禁，舟山居民被迫迁居大陆，为清空海岛，岛上的建筑全部焚烧，吉祥寺也被毁于一炬。清朝康熙年间又海禁。这废墟今日变成了村落，村落的名如今仍是：寺基、寺坑、山门头、伽蓝堂、和尚山……

几年里，我五次爬上九峰山，寻找惠超的香柏岩，五次坐在大潭边的竹林里，前面是群山四合方圆十里的空谷，空谷南北是茫茫东海。白云下山顶的黄土厚达丈余，千年前高僧惠超就在这里"草衣木食"。我们当年种的茶树，如今是潭边的千亩茶场。

山顶的路边长满了酱果红滴答，俗称葛公的覆盆子有三种，大麦葛公、小麦葛公和红滴答。红滴答是"树"，红红的果子累累挂枝头，山顶的红滴答杨梅大小，伸手可摘，长满一路，多得使人惊诧。

黄 瓜

黄瓜是会黄的，你看到的黄瓜不黄，是摘得太早了。先青再黄，真正熟透的黄瓜是金黄的，跟黄瓜花是一个颜色。要命的是，黄瓜不熟也可以吃，太熟多籽，吃起来要把籽瓤去掉，于是人们贪嫩。以为黄瓜是青的，名不符实，这对黄瓜来说是极大的冤枉。呜呼，贪嫩让人不知黄瓜之有黄。

我是见过金黄色黄瓜的，而且吃过。八岁那年我生病，病好以后，好长一段时间眼皮青肿，看东西一线天似的一条缝。老娘拉我去看小外婆，院子里有一株黄瓜秧，只有一根黄瓜留着，做种的，我一进门就看见了，青色底子中的金黄非常夺目，竹架子下孤零零挂着更加惹眼。我眯着一线天不住地问小外婆这根黄瓜的问题。答案只有吃。第二年我小外婆家没种黄瓜。

熟透的黄瓜有瓜香，肉是半透明的，水分比青的多。青黄瓜有少许的涩味，老黄瓜没有，比青黄瓜可口多了。

身上长刺的瓜好像只有黄瓜，冬瓜长的是毛，西瓜没有。老了的黄瓜刺也是老的，也会刺人。我自从吃了那根黄瓜，眼睛的肿就好了。一般情况下，你是没有吃老黄瓜的口福的，不要说吃，你都难得看见。黄瓜老得发黄，需要很长时间，一般不是留种，不会让黄瓜见黄的，除非故意。

黄花

海岛多菊花，是野菊，小而金黄，岩边坡上都是。秋日静安的午后，花有阳光的那种香。阳光在寻常并不是金黄的，只在午后斜斜的一抹，或在草坡在墙根，光才是饱满明亮的黄。野菊花就在这样的光影里，丛丛簇簇盛开。

我这样的发现不是没有由来。十岁那年邻居“和尚”送了我一只小羊，我一直把那只小羊养大，羊并不用养，放着它自己会寻草吃。牧羊只需要羊绳，找一个水草丰茂的地方，把绳拴在树上，不让它走丢就是了。后来羊一次次挣断羊绳去学校找我，每天我要花很多时间在山上陪羊吃草，羊吃草是默默的。就是这样的秋天，山坡上到处是金黄的野菊花，一直到叶子枯谢，花有时还零星开着。

清明时节的“青”，割了做糍粑，其实就是艾，野菊花也是“青”的一种。我们把早春最先泛绿的一种草叫“青”，嫩草可吃。

黄花是菊，正儿八经被叫作菊的，颜色缤纷多了。我五年前买回一车黄色的菊，种在院子里，几年后活下来的，都退化成溪边坡上冷冷清清香着的野菊。野菊花的名，是一枝黄花，清热消肿的，我们从未把它当过花，采几枝是药，割一捆是柴。

十九岁那年去嵊山，嵊山岛在初秋时节碧水蓝天，我从晕了八个小时的船上下来，又从箱子岙码头跌跌撞撞爬石阶，路边石墙上一个旧盆子栽着一株花，花正开着，雪白的。群岛的荒凉处出美女。嵊山的女子天姿质朴，栽白菊花的人家有小妹，屋后的山上也是丛丛簇簇的野菊花。这一晃，恰是三十年。

记 梦

2010 年 4 月 20 日

晚饭后如有睡意，一般都会在沙发上先小睡一会儿。今晚有些特别，竟然大梦一场，而且非常清晰。

我在奔波，很忙碌的样子，时间是大年初二，在白石街舅家姨家拜年。天色暗下来，心想，今夜去谁家过宿。我每年去白石街拜年，都是一脚进一脚出，纯是一个礼数，不要说过夜，有时饭都不吃。梦里寻思，这太草率。老舅父老姨妈一年就见这么一次，他们是有期盼的，想到这里突然记起每年老舅父在年初二坐在桌边等我的样子。对于老人，再见来一次要一年之后。我就边在白石街上走着，边匆匆合计着，合计的结果是，有些伤感，都年初二了，父母家里还没有去过，今夜要去父母家过夜。身子却往姨家里走，赶到姨家，已经上灯，表妹表弟已经睡觉，只有姨在一间有大床的房间里等我，说晚上你想去父母家里睡，我就不准备了。这张大床巨大，我好像很熟悉，白骨镶嵌的花案也非常熟悉。

忽然仿佛有许多人都神秘地对我说过，姨还有一张更好的床，是很早以前从大姨妈的婆婆那里花一万九千元钱买来的，这床是有床壳的。姨就陪我去见床壳，床壳在一个南园那样的园子里，露天放着，旁边都是树，于是远望一下，回身去姨家的隔壁房间看正床。房间里有两张床，都空着，床边的地铺上是熟睡的表妹表弟，说是表妹已经离婚，带着表弟在睡，表弟成了小孩子，状如母子。姨给我把灯点好，退出去给我做饭，我就细细地看这张床。

这床不是大的感觉，是不能逼视。没有花案，是整板的素木，眉板有一米半阔，花纹是树瘿，局部镂空，走进踏床，不大的空间一下子开朗，是全套红木家具。我就细细地摸床板木头的质地，不是鸡翅也不是黄花梨，倒有些像沉香，便心惊，世上哪有一米半整板的沉香。眉板上面还有眉板，上面雕着一只象牙，一摸是真象牙，象牙上细密地雕满人物和花，有三米长，海碗粗，我心想，这象牙少说值十万。又心里有人告诉我，这床上抽屉里有与床配套的好东西，一件都没遗失过，都在。我心里就想向姨买这张床。我走出房间找姨，念头一下子潮退，好像这床就是我的，又好像这床不该是我的，整个梦里的感觉一下子变成了一种怀念，物欲全无。

醒来，这张床历历在目。我没有收藏旧床的爱好，我姨也没有这样的床。纳闷之下去谷歌搜旧床的图片，明清古家具中的红木旧床图片很多，但无论是材质造型气派还是实用，都无法与梦中所见的那张相提并论，这床的大气朴素与豪华都不落痕迹，乃神器，故记之以备遗忘。

做梦时间八点到九点，谷歌上搜寻图片时间九点半至十点，记录时间十点到十一点。

2011 年 7 月 1 日

手指在水中画画，画出了三个月亮。一个是金色，一个银色，另一个镜子一样无色。月亮怎么会是金色的呢？这是做梦。

做梦尽量不做平常能见识的东西，对于自己拥有的东西，不想在梦中向往。我把看电影也当作做梦，不愿意看文艺片，那种小情调自己满脑子都是，就算有些幽思有些深刻，我也有。没有的是大场面，天崩地裂那种，所以我喜欢看花了很多成本做出来的派头很大的动作片、科幻片、灾难片。我有顽童心态，欢喜热闹。

对于生活的主张，一直认为想过如同做过。人的生活质量取决于想象力，狗容不下猫，猫容不下狗，因为与自己不一样。一样就惨了，到处都是一样的脸，会被逼疯。

想是成本最低又品质最高的生活方式，只要你有足够想象力，你就拥有自在，无所不能想。这是你最终不羡慕任何人的终极法门。做人要实际些，任何过去的东西留下来，也无非是想，想是一切的本质，不是想的存在，是眼下的一刹那，这一刹那如果细究起来，一丝一毫都不会让你感觉到。你在时间里流动，此刻以前都成了息，此刻以后是未知。你像一条虫，不停地啃食未知，留下息。做人一辈子就做个念头，千辛万苦最后的收获是念头。

2011 年 10 月 25 日

做了一个很清楚的梦，深而遥远。完全是陌生的人，陌生的地方，一个村庄，祠堂，店铺，房屋，有一个石头博物馆，没有参观者，地上零乱地放着桌子大小的，雕得纤毫毕现的，圆睁着眼的人头，有些是上了彩的，有些没有。沿石街走，街上的陌生人都认识我，我好像也认识他们，房屋的木结构黑瓦片都是从没见过的样式，我到处在村里找自己的家。

纳闷，自己的家怎么想不起来了呢？就在溪边的，门牌都记得，门口有芭蕉。就向人打听，都笑着摇头。转出村口，迎面车水马龙，大路下是海边的金色沙滩，怎么会有沙滩呢？又忽想起，沙滩边是有一个老友的，我每天去喝茶的，喝了三十年了。这个村子是海岛，地势很高，水也很高，整个海都比别处高。挤过人群，有一条很熟悉的路，一直走到山脚下，还是没有摸着自己的家。

是怎么到这个村子里来的呢？家里来了客人，客人在院子里烧火杀猪，我到厨房切西瓜，一个三十年不见的同事老大姐，说我西瓜切得不好，她来替我切，切着切着说起从前的事。老大姐絮叨着，变成在一条山路上送我，翻过一条岭，我说大姐你家已经走过好多了，不要再送了。她说难得看见你，再送送。于是又送了一条岭。我说下面就是我家的村子了，到我家要路过你家，我会经常去你那儿聊天，别送了。老大姐就依依不舍地挥手。顺坡而下，好像坐在车子里，开了八十迈。到村里时是午后，一个从未来过的村子，陌生而心安，到处寻自己的家，因为客人在家里，掏出手机看时，果然有七八个未接电话，来催的。

沙发上醒来，惊惊的，茫然难辨自己在哪里，楼梯，沙发，这是真的吗？呆一呆，睡前的记忆才扑面而来。奇怪得不得了，那个村子真是太真太奇怪。

2012 年 5 月 3 日

有四扇门可以到达那里，第一扇门在一个非常大的公园，那个公园没见过，但非常熟悉。正对公园大门的绿树后面有一块空地，那块空地在下大雪，从雪幕里走进去可以到那个地方。还有两扇门在两个寺庙，一个在普陀山，另一个记不起是什么地方什么寺庙了，也是空地上的雪幕，普陀山的那扇雪幕的门前有许多杂树开着花。第四扇门在一条街上，是市政府的广场，雪幕在黄昏的天空中，随着大风移来移去。

如果不从这四扇门进去，另外走一条的话，会很长，要走好多天，我第一次就是走着去的，梦开始的时候，我已经到了这座山下。这是一座没有草木的山，玲珑的岩石到处是穿孔的石洞，有点像园林中的假山，但这是一座巨大的石头山，无可比拟的大。我在往上爬，山顶上有一张石头雕刻出的巨脸，俯视着我，这张脸不是人脸，是石狮子一样的一种神兽的造型。这么大的山上就我一个人，岩石根本没有可攀援的地方。

爬只是一个念头，没有爬时的动作和细节。不久之后我到了半山腰，有一个巨大的石洞，里面是一个村落，好像有人告诉我，这座山顶上真的住着一条巨龙，如果你不信，一会儿巨龙的须就会从石缝里钻出来。我说我信，但没亲眼见过，所以要眼见为实。天晏的时候村里发了口传的通知，所有人原地伏着不动，龙须来了。不一会儿，一根手臂粗的龙须，蚯蚓钻泥地似的从石头地里钻爬过去，岩石隆起一道痕迹。第二次钻过去的时候龙须出现在地面，黑色的，我去摸了摸，心里思忖着它的质地，听到一些人在说，这是一种比钻石硬然而又绵软的有机物。说话之间龙须一条条地过来，岩石崩裂，我摸到上方的另一间石室，石室落满灰尘，像是许多年没住人的样子，我伏在一块石头上打盹，一群像鹿一样的小恐龙从我身边奔出去，隔一会儿又有一群奔出来，非常快，转眼都没有了踪影。

迷糊而新鲜地在山上折腾了一夜，碰到许多人在开会讨论，研究一些莫名其妙的问题，我一个一个地帮着出主意，非常兴奋，说碰到一生中最大的事情了。

天快亮时，我在傅元华老师家的院子里对他说，我去了两次都是走着去的，路上太艰辛，现在你跟我从公园的那扇门进去，别怕，很快就到了。于是我们走过一个废村庄，村里没人，只有几株梧桐树很热闹地在开花。拐一个弯，墙外面下着好大的雪，我们走进了雪地里。

2013 年 7 月 6 日

这个水草丰茂的池塘无疑就是家园。青蛙的绿剥一家搬来这池塘已经有十三代了。十三代是漫长的时光，太公当初坐在荷叶上定的辈分，排行马上就要用光。“嘎、瓜、一、只、画、了、花”，这是上半句。太公想下半句时，文学男青蛙阿现觉得辈分排行这样叫缺少“文学”，太公下半句正想不出来，自然从谏如流，对后起的俊彦阿现也是敬重的。

阿现想的后半句排行虽有些拗口，但据说十分高明，是博学鸿词，除了技巧结构章法之外，更重要的是好懂。“诗”本就是给懂“诗”的人看的，一族的排行，句子上不精湛，会被河狸乌鱼辈看轻。“这瓜一只画了花”是写实，接下去当然要写虚，下半句应当是“阿、现、屋、剥、绿、碌、雪”。阿现把自己的名字嵌在了后七代之中，是谦逊还是想若干年后再来过？太公说，句是好句，但这叫作：大不做做小。

的绿剥是绿字辈，再两代祖上太公与阿现表叔太公定的排行就没了，自己池塘里好办，大不了再凑几句应付着用，那些年搬出去找新池塘的后代们，没有排行会找不着祖宗的，找不着祖宗算什么青蛙？每天早上的绿剥都会坐在水中央喊一遍排行，因为每天都有搬出池塘去的青蛙们。的绿剥喊：嘎瓜一只画了花，阿现屋剥绿碌雪。出远门的青蛙侧耳听着，心中默念：这瓜一只画了花，阿现屋北落大雪。蛙们不识字，蛙们用的是方言。

对此，的绿剥是灰心的，池塘里青蛙一只一只减少，排行也快用光了。做青蛙没意思，的绿剥觉得必须立即改变现状，好在机会不久就降临了。按理，青蛙是不作兴做梦的，但的绿剥做了梦。它在池塘的水中找到了缝隙，它把这水缝一点一点扒开，水中的缝越扒越明亮，越扒越大，水扒光时，的绿剥变成了一个人！的绿剥吓坏了，这时，池塘里一群母青蛙跳了上来，纷纷依偎在它身边。的绿剥大叫：我做人了你们还跟着来干什么？母青蛙们齐声叫：这瓜一只画了花，阿现屋北落大雪。

这是午睡时做的一怪梦，醒来记之。

“嘎瓜一只画了花，阿现屋剥绿碌雪”，是很小的时候听过的一个故事。故事说，荒山野岭里有座破庙，庙里有半副对联挂着求对，整整一千多年没人对得出，路过破庙看见这半副对联的读书人，如果开口作对又对不上，半夜庙里就会有“哈哈哈”的笑声一直笑，笑得对对联的人羞愧难当，直到在庙后的山林里上吊为止。有人对过“嘎瓜二只没画花”，上吊死了。又有人对“月亮整个像个瓜”，也上吊死了。无论怎样对都不是，这对成了千古绝对，被羞死的读书人不计其数。

后来来了个落第秀才，喝醉了酒，看了一眼上联，没对就去上吊，这是要坏规矩了，而上吊的绳子无论怎么抛都挂不到树上去，就在树下的雪地里睡着了。这夜落地秀才做了一个梦，梦见一个状元打扮的人对他说，这是死对，再过一千年也没人能对上。下联是“阿现屋剥绿碌雪”。为什么是“阿现屋剥绿碌雪”呢？对子是我出的，我规定这个做下联。

状元是谁？没说，故事也不合情理，但听过令人大惊。

冷 雨

做人的冰冷从脚底开始，冷雨的冷从天上下来。

天一下这样的冷雨，就想吃油条豆浆。油条豆浆好像应当是冬天里的食物。不下雪光下雨，小街和街边的店铺都在湿湿的阴冷中。雨是粘身的，天色很混浊，情景像是日子旧了。豆浆店热气腾腾，油条在锅里吱吱地叫。酒能御寒，辣也能御寒，火炉子炖菜头也能御寒。南方的冬天是湿冷，但冬草碧绿，在石阶上在墙头上，在外面。

御寒穿衣不及吃，必须冷雨夹风地从门外扬进来，火锅沸着，滚烫的老酒，有酒客满面通红地靠门坐，兴高采烈地吹牛，替桌子挡风。岁末年根，这样的去处很多。

从前我有一所旧屋在半山上，有寻山货的几个外乡人看屋空着，撬了锁替我住，后来变成朋友，冬天冷雨不出门，围着一膛火用极辣的辣子炖野味，有好东西时，他们会来叫我，我吃不了辣，开心地围着缸灶取火。桃生串一块生肉在火上烤，烤熟塞过来，咬一口就一大口酒下肚，热辣滋味的。桃生他们不久不知去向，我那旧屋也就倒了。按理，屋就可以一把火点着了，那会儿是少见的热闹，只有房子着火才会有火鸦，一朵火隔空飞向另一栋屋，我是看见过的。风依旧是寒风，雨仍然是冷雨，热烈的场面扑面，惊恐中看得热血沸腾。

缸灶就是缸的下部砸一个口，上面坐一只大锅，就是灶了。烧缸灶是贬义词，一般是懒汉的作为，有破败相。烧缸灶最配的是劈家具作柴，这样的懒与破败就发挥得到了头。这样的人和事都有，还都能想得出面容来，有忧色，灶火映着时红光满面。火烧屋子也有说法：火杰（舟山方言：失火）真好看，就差花本钱。烟花虽是对真热烈的假冒，但成本一点都不比烧房子低。点空调、捧手炉、生暖气，温暖只在身外，喝酒可以身热，身心俱热的办法是吵架、做火辣的事情、肆意狂野……

冷雨冰冷地下。泡一杯热茶，穿上棉袍，把窗帘全拉上，开灯，捧一本扬之水的《终朝采蓝》，从中间翻开。街上没有油条豆浆。

立 秋

炎夏快要过去了，今年的气温没有高过 35 度，一个没有酷暑的夏天。每一个夏天过完，都会精疲力竭。夏天是耗神的，人需要耐热耐寒耐饥，这三耐中，寒可以穿衣，饥可以吃饭，热最无可奈何。从春至夏衣服一件一件脱下来，直到赤膊，就脱无可脱，接下去的法子只好流汗，汗出如浆。

“点”空调在我们家是大事，几十年来一直是大事。“点”这种说法也有几十年了，“点”是因为“点灯”而来的联想，灯和空调仿佛都是点的。空调一“点”，动了机器，每一刻的凉风徐来，人要惦着这机器，觉得分分秒秒有东西被“消耗”，这种消耗具体、形象、持续，对于节俭惯了的人来说是一种提醒，这个习惯产生于几十年前刚安了空调那会儿。空调须在人实在耐不住热时才“点”，点着也是心神不定，于是一点也不舒服。心理上的这种潜默，后来反映在生理上，空调吹着，皮肤会干巴，久之会有痛感，这就有了“病”。一直在空调上过不去，其他的浪费好像名正言顺。空调的消耗太直观了，而灯是默默的。我有白天开灯的习惯，一溜灯全开着，阳光从窗子照进来，人赤着膊，挥汗如雨。

这一个凉夏快过尽，草木都没有疲意，蝉也叫得不那么声嘶力竭，竹子翠绿，兰草碧色动人。因为不热，一股劲都没有消竭耗散。立秋以后，洗澡时水有了凉意，夜里的虫子开始各式各样地叫，细听都在叫，无数的虫鸣，静夜里如雾霭一般层层叠叠。生命真是无数无量无边，在你看不清的远远近近的地方，层层叠叠地叫着。

昨天开通了微博，进去弄了半天，这是一个自言自语的地方，无数的声音默默地自说自话，像是无数的蟹一齐吹泡泡，又像极了秋虫夜鸣。秋虫之声是生理性的，我觉得在微博中说话也是。从前的人们不可能汇集那么多想说的话在一个地方，现在微博上确实做到了，震惊人类的语言表达变成了另外一种东西。我觉得有某种不祥，一定预兆着什么。

名 字

常有人请我起名字，就顺便说一说名字。

身外之物中，与做人关联最密切的东西是名字。名字不是简单的符号，是绳。牛绳有形，人名之绳无形，但同样能被呼来喝去，有时比牛绳还好使。人在梦游时，唯一能使他惊醒的是唤名字，招魂也是声声地唤名字。直到人死了，名字还在，我们记住的死人名字比活人还多。比如孔子，素昧平生，又死了几千年，可他的名字还在。许多人我们只认识他们的名字，并不认识人。这样看起来，名字就是命，甚至超越生命。世人一生追逐的是名利，名在利前，得利也要归于名下。

名字、影子、魂，随你的命一生不离。我一直以为名字比老婆重要，起一个好名字比娶一个好妻子、找一份好工作都重要。人一落地，出生决定命运一小半，我们无法选择，名字影响命运一大半，我们可以选择。名字是两三个文字的和音，皆是有信息的东西，千呼万唤一生，与灵魂心志血肉合体，成为符成为咒，是会有灵验的，可以说，没有一种符咒会比名字对人影响更大。

名字与世上所有东西一样，有凶吉、美丑、善恶、好坏。中国的汉字字皆有相，名字由三部分组成，字相、音相、意相。基本的起名原则是字相好，组合不怪僻，没有生冷奇奥的字；音要好，能上口，动听；意思要隐，不可直白，含蓄中正。

名字忌大，大有贪婪之态，天、宇、英、杰，是折人的，大多数人气宇不能大到这份上，就自取其咎。名字可以以贱求安，但要贱得亲切，猫儿、豆豆皆可，但如叫贼秃，必有殃。名字可以俗，但不能破败，不顺之字和音，意思再好也是破败，破败之名，其人易折，必须改掉。电脑笔数求名字可笑至极，但据说趋之若鹜，可叹息。

人各有志，大人起名忌寄托父母之志。自己穷，儿子起名有财，叫有财的很多无财，但身体一定健康，这是意外。

七 夕

初秋的绿是乡间的槿树篱笆，最早的秋意是槿树花。

田舍与村陌，作为一种光阴其实离我们不远，有小孩晨起喜欢很新鲜地哭，就在晨炊的烟霭下，屋外的槿树边。屋外都是菜地，菜地种槿树为篱笆是乡村的习惯。小孩子秋天早上的哭没有任何意思，也谈不上伤感，与鸡啼狗吠没什么两样。坐在石头上哭一会儿，看看树木草色青青的，过一会儿就回家了。

木槿花开浅粉色，我们从来不把它当作花，槿树只是篱笆。尧舜的舜字就是木槿花，晨开而暮落，意为瞬间的短暂，但槿树花开花落很忙，旧的谢了新的开，层出不穷的样子。槿树花不繁，零星地，是冷淡的，没有香，也没有忧色，只是寻常，初秋的凉意里很单薄的一种意思。单调的炎夏过完，初秋的七夕虽不是节，但人们把它当节过。雨后风里忽见篱笆上绽出花来，开得这样明白，像是时令的提醒。江南的民间，以槿树开花为秋始。

女人们把七夕当节过，小孩是热心的看客，采大把的槿叶泡在水里，浸出的水浓稠有树叶的清香。树的味道里，以槿树为最熟悉，其次是松树，因为每年的槿树味家家都会有，松花也是家家采。槿树汁洗头，小女孩大姑娘以及嫂婶与婆婆，那一天就有很多木槿味。我们把腻滑的水往邪里想，比作蛋清与口水，甚至曾偷偷喝过，清苦又有些涩。槿树水洗头能够乌发，我外婆用槿树的刨花泡水敷头发只是为了头发的顺和妥帖，头发一直雪一样白，从来没有乌黑过。村妇不会在头发上插一朵槿树花，因为太寻常。我喜欢槿树是喜欢用它来做篱笆，有这样的想法注定一生不富贵。做人的懒和简单，其实跟槿树的清平是一样的。

许愿、乞巧、听故事，令我对七夕满腹狐疑，牛郎与织女相会，一群喜鹊去搭桥，这只是个念头，后面含糊一片。倘若不抬杠顺着故事想，走在喜鹊的背上也十分费劲，鹊如卵石一样铺地后它的翅膀如何飞，那架桥是喜鹊吵吵嚷嚷的一朵云吧，为什么不用船呢？牛郎挑着两只箩筐过鹊桥，箩里是牛郎和织女的一对儿女。为什么小孩不是织女带？我外婆这样安排故事，仅仅是牛郎星有担着箩筐的样子。七夕的一整夜，牛郎都在和织女相会，我外婆说，牛郎一年的饭碗都积着没有洗，织女这一夜就在天河里给牛郎洗碗。这有不尽人意的地方，牛郎担着孩子去看织女，牛郎的碗为什么在织女那里？天上的事与人间的事是不一样的，我外婆说不信你去茄子地里听，能听到织女叮叮咚咚的洗碗声。

没有月亮的茄子地是暗的，星河这一夜确实特别亮。蚯蚓在地里叫被人以为是虫子，虫子也在叫，都混杂在一起。蚯蚓被叫作曲蟮是因为它能长声地叫，其声如曲。茄子地里多蚯蚓。七夕的传说里令我神往的是茄子树。从前的茄子高大得像树，摘茄子需要爬竹梯，摘下来的茄子要几个人抬，茄子的叶子像很大的伞。这样的茄子地离天河很近，所以能在茄子地里听到洗碗声。对这个说法深信的是女孩子。现实中的茄子很矮，女孩们在微茫的星光下蹚着露水蹲在茄子地里，一边许愿一边在茄地里寻找织女的洗碗声。

据说，如果听不到洗碗声，许的愿就无效，许愿被安排在茄子地里，也是因为这里离天河近。女孩子在茄地里许的什么愿我不知道，反正我是一次都没听到过织女的洗碗声，好在男孩子不需要在七夕许愿，七夕只是女人的节，天河也只是洗碗的河。牛郎织女的相会中最为动人的是鹊，那个念头含混而心善。

遗憾的是，因为七夕不是节，故没有清明、端午、中秋、重阳这些节里都有的吃食。

七 月 半

七月半是鬼节。郑重其事地为鬼立个节，那么究竟有没有鬼？儿童有儿童节，妇女有妇女节，需要强调一下的东西，最隆重的法子就是为此设个节。男人没有节，男人变老的时候才可能有节，比如儿童时青年时也有节过，做父亲以后过父亲节，然后过老人节，最后做鬼，过七月半。

七月半历史悠久，比清明、端午、中秋、重阳、冬至小半个规格，与元宵、腊八、立夏等规格齐，比三月三、六月六、七月七等规格要高。三月三是花神生日，六月六是给小孩与狗洗澡的节，七月七是牛郎织女相会日，民间有乞巧与许愿的习俗，本不是节，是好事者抬的城隍。外国的情人节早就有人在过了。人有两种，看到一件东西，一种人眼热看样，另一种人会气不过，于是气不过的那种人挑了这么一个七月七，也所谓情人节起来。这非常扭拧，好比看到人家戴了帽子，他没有又不服气，顺手拿了个瓢扣在头上。瓢是帽子吗？不是。七月七也不是情人节。

七夕的许愿，小姑娘在星夜有露的茄子地里，一个个独自私语，有人间意况的高朗与亲切。论灵性与精神美感，华夏是贵族，那是从前。如今是破落户，拾人牙慧到没有信仰也如他家祖传似的张罗着过圣诞节。

鬼节鬼放假，与人同乐。明朝张岱的《西湖七月半》，写的就是人们打着灯笼在鬼节游西湖，舟载车行，熙熙攘攘。据说鬼在七月半可以扮成人，所以湖上游人如织，张岱所看到的人，恐怕人也只有一半。

人越到年老越信鬼，当下不信的人，未必死之前的头天还不信。我是从小就信的，不但信还怕。还有一些人，对鬼怕是怕，信则不信，混乱又精明着的样子，唯物主义云云。这样的怕，必然被鬼看不起。

初秋，鹅毛月，青绿山岗，忽有歌弦隐约，长发飘飘的白衣女子立在破庙的阶上，叹息着唱了半句唐诗。这就是《聊斋》的意境。《聊斋》好就好在鬼魅看上去是人，但不讲人的那一套。不讲人的那一套，现世有许多女孩可以入《聊斋》，一点都不比聂小倩她们差。《聊斋》中的女鬼，如果不是狐仙，就可以过七月之半的节，举家寻一个废墟，后半夜华灯高张，鬼火通明，饮薄酒，吹怨笛，一直玩到鸡叫。“秋坟鬼唱鲍家诗”，酬唱的是李贺，“桐风惊心壮士苦，衰灯络纬啼寒素”。

岛城的七月半，好像就寿山庙热闹些，其他的名堂只有插地香、转桥、念经什么的。不知从什么时候起，佛家经句念一念被当作了阴间的钱，于是一门心思念经，把其他该有的许多热闹替代了。寿山庙的祖庙在城北村，移到水库下，城边香火大旺的寿山庙是新庙。老寿山庙很小，就在寿山下，有时七月半会做几场戏文，热闹热闹。人、神以及鬼，一直都是喜欢热闹的。

山 色

秋后山色屏立，海岛的山入海，山色也澹澹入海。我对树木极熟悉，对石头也是。树林的绿与岩石的白，明显有各自的色块，远看就化在了一起。颜色是有老嫩的，远看山，颜色苍老，却又细致干净。

苍茫简单，只一种意思在那里。海水终归是海水，可以心冷，可以目满，可以作很远的苦涩想，倘若海天有了山色，就觉得并非深处，而在晃荡无际之外的地方。吾乡有俚语：风吹山顶动，动动狼稷；海底石头烂，烂烂青衣。青衣是青苔，海底的青苔不仅丰茂，味道也很鲜美。狼稷是蕨，海岛的山上多蕨，风吹而草动。

海岛多野菊，黄蓝二种，在枯草边一大片，黄色的有菊艾香，蓝色的没有。春色里有杜鹃，有野生水仙，有只闻得到香觅不见影的兰草，当然还有雪白的野栀子，这些都在近处，在眼前。海岛的山头是天际线勾勒出来的，天际线又连着海平线，像轻逸的笔触，无可言说的安静。

山色新绿，及至浓绿厚重，树色斑驳，红叶染目，山色在不经意间次第，忽一日静对，寓目历历。山色归于黛，那种云纹水迹的含义，要远看，可以在深秋，落日以后。

蚊子叮人并无大恶，可恶的是吸了血去还让你痒。这么小的飞虫，要论勇敢，蚊子是可钦佩的。蚊子咬人不算偷盗，它哼哼哼一路叫来，明目张胆，停下后扎针吸血都是需要时间的，有胆有从容。遭蚊子叮，一般来说人应当惭愧，这么小的飞虫冒死与这么大的人战争，落败的往往是人，让你痒是蚊子对人的嘲弄。按理既吸了血去，痒便多余，对蚊子并无好处，只会惹来人的愤怒，可是这种愤怒大多时候表现为人“噼噼啪啪”自己打自己，胜利了的蚊子或许很喜欢有这样的戏看。

胡子拉碴出门，右手遭蚊子咬了一口，左手要开车，右手够不到右手上的痒处，不得已胡乱地让未剃胡子的下巴挠痒，一试，新长的短茬胡子解蚊包之痒合适对路，这种妥当，需要马上停车路边抽一支烟来体会。

世界巧妙，处处有意外。记以同喜，或可推广。

沙蛤

沙蛤用锄头挖，不知你听说过没。退潮后，潮水将沙滩熨得光滑平整，有水的沙子很坚实，人踩上去软软的，但不会留下沙漠走路一样的深脚印。沙蛤躲在沙下二寸许的地方，为了呼吸必会在沙面上留下火柴头粗的气孔，人于是就可拿了锄头，像掏花生一样，边寻边挖。沙蛤极有信誉，气孔在，它必在，一个时辰挖出来的沙蛤一般就够下酒了。过去有一种防冻的药膏叫蛤蜊油，其包装就是一个蛤蜊。沙蛤形状花纹极像蛤蜊，但要比蛤蜊小。

沙蛤酱爆就是很好的下酒菜，油至七分热时沙蛤入锅，个个开口，一翻炒，就像爆米花一样，体积大增，吃一大盆，其实吃下去的肉不多，壳倒是堆了一桌子。另一种吃法是做汤，清水烧开，放入沙蛤，汤色蓝莹莹的像海水，撒上葱花，鲜香至极。海里的活物简单地分，一种是骨头长在肉里的，一种是骨头在外面包住肉的，沙蛤是后者，以为合了两扇贝壳躲在沙下便万事大吉，纵然不被挖去，活着也是混沌得很啊。

泥螺

祖籍宁波的包玉刚先生回乡时，点名想吃泥螺。泥螺，上海人也叫黄泥螺。有一年江泽民来舟山，也想尝尝泥螺，随员一看是虫子一样的东西，坚决不同意，江主席就只好作罢。那时的江主席一定很无奈，因为久居上海，他是知道黄泥螺滋味的。

钱塘江、甬江、长江三江入海，滚滚泥沙造就了舟山的西部是黄水海洋，海湾不是沙滩，而是肥厚的泥涂。泥涂之上有一种常见的小动物叫泥螺，说它是螺有些勉强，它的身子活像一条舌头，背上是一个帽子一样脆而薄的壳。一条舌头顶了一顶帽子，你想想这是什么相貌。鲜泥螺一般蚕豆大，浑身上下是黏糊糊的很腥的潺，捉了养在淡水里，身体便膨胀，可比原来大几倍。

泥螺的吃法一般只有一种，就是生腌。一半泥螺一半盐，腌至盐潺都成了水，泥螺通体黑亮，溢出阵阵香时，就用黄酒洗，加糖少许，加味精少许，入盆，就可以吃了。咸到极点，又鲜到极点，回口有甘味，入口香脆，这就是泥螺的滋味。

涂中的泥螺根据泥质，好坏有差异，其好坏的标准除了肥瘦，关键是腌熟后，泥螺吃起来是否有泥筋。好泥螺是没有泥筋的。腌制的手艺也有好坏，汤清而发香便是上乘，这功夫的诀窍，据说除了腌的时辰须是潮水初涨之时外，还需叫小孩在腌了泥螺的坛子里拉上一泡热童尿。

海瓜子

猪肉七角二分钱一斤的时候，海瓜子也七角二分，只有工薪阶层吃得起。泥涂上捡海瓜子，比种田插秧还累。泥涂上跋涉，咸泥没至膝，每走一步拔脚如同拔树，烈日下弯腰，在泥面上寻花，花是痕迹，海瓜子躲在泥下，会在上面留下虫子爬过一样的花。走上十几步才捡一粒，三个指头插下去，撮起。不入道的人，便只好十指齐下乱摸，且大多摸丢。

海瓜子南瓜子般大小，形色皆似。海瓜子也叫黄蛤，黄蛤是乡下人的叫法。吃过的贝类中还没有一种滋味胜过海瓜子的，这东西入口就起瘾，越吃越想吃。油爆海瓜子一盆，阳台上一坐，南风吹吹，老酒啜啜。美中不足的是，这东西太小，需要连壳带肉放进嘴里，用舌头伶俐地将肉卷去，然后张嘴将壳吐出，因此说话木讷的人，吃起来很慢。

以前有一邻里大叔，是酒客，与酒友喝酒至半夜烂醉。朋友送其至家，他说你送我回来，我岂可不送你回去。无奈，朋友只好再将他送回。他又说，你送我两次，我岂可只送你一次。就这样来来回回至天亮。此叔吃海瓜子用匙羹，一勺子放进嘴里，片刻便吐出一嘴壳来，如此捷法，痛快至极，但无人学得来。

弹涂

弹涂是好笑的。

弹涂虽然活在海里，但它不是鱼，也不是蜥蜴。弹涂没有脚，但走路不是游也不是爬，是跳。弹涂看上去就是鱼，鱼有的一切它都有，还多了肺，所以它可以在陆地上生活。弹涂的陆地是退潮后的海涂。弹涂的眼睛很有神，而且往上突，与鱼不同的是，它有眼睑，会一下一下眨眼。

弹涂是丑陋的，长得“黑墨涂脸”，身上又有奇怪颜色的点点花斑。无法描述弹涂的怪模样，简单地说，就像是被晒黑的泥鳅，它跟泥鳅的相像，除了都生活在泥里，大小形状也一样，还有滋味。泥鳅有洞，弹涂也有洞，不同的是，弹涂在潮水退去后，纷纷出洞，在泥涂上观望，如果没有受到惊吓，它就一动不动地观望，不知道是什么意思。

成千上万的弹涂，在海涂上静静地瞪着眼睛看天看地看风景，那情景是好笑的，但捉它极不容易。弹涂的机敏是少见的，稍有风吹草动，倏地入洞，看都看不清。

弹涂善跳，有人干脆叫它跳鱼，肥一些叫弹涂，干瘦一些就叫跳干，是两个不同的品种。弹涂善跳，捉了养在桶里就要加盖，第二天早上你打开盖子再看，所有的弹涂都睁着眼睛头朝一个方向望，样子很是悲壮。

海岛捉弹涂的法子是特殊的，而且颇有趣味。找与弹涂洞口差不多粗的竹子，一节一节地砍来，存一节留一口，叫弹涂竹管。弹涂竹管是“死胡同”，一头是封住的。又有工具叫弹涂船，叫船但不是船，样子就像一条板凳反过来，又有点像有把手的滑板。弹涂船上踩住一只脚，另一只脚在泥涂上用力，“船”就在泥涂上捷行如飞。踩着弹涂船，把竹管一只只插在弹涂洞的洞边，做好记号，回来。等又一潮退后弹涂纷纷出洞时，再把弹涂船滑过去。弹涂惊吓之余没命地夺路，因为太慌张，约有三分之一的弹涂会乱中出错，把竹管当作了自己的洞。

还有一种捉法是钩，不是钓。用的即是钓的模样，弹涂钓竿与钓鱼竿无异，只有钩不一样，是锚状的鹰爪扎钩，不用饵。方法是把钩抛出去，远远地落在涂面，瞧准一条弹涂，将钩、鱼、人调成一条直线，抽杆把钩贴地而收，索溜，半道将弹涂顺手牵羊扎来。为保证命中率，一般都是“横取”，好把式钩弹涂一抛一收，钩钩命中，舞蹈似的有节奏，半晌就是一桶，这样的劳动看上去很优美。

弹涂是海鲜中名贵的美味，海味中论鲜，弹涂第一。弹涂生命力极强，杀好洗净依然是活的。岛人善烹弹涂，能将弹涂鲜味发挥到极致的是咸菜，咸菜弹涂汤味极佳，所以咸菜是烧弹涂最绝妙的搭配。咸菜用少许油炒后，加水放入整条洗好的弹涂，连盐味精都不用放，原汁原味。只是咸菜要选好，最好是雪菜。

关于弹涂滋味的另一种绝配，是我的发明。现在知道番茄膏片的人已经不多了，就是把番茄煮熟后，做成饼状，晒干。炒番茄膏片，与炒花生炒瓜子一样，是从前年节时儿童的零食，又兼待客，家家户户必备。番茄膏片除炒外，油炸风味更佳，那时做菜油都没有，所以没人舍得油炸番茄膏片。弹涂的肺硕大，极多油，我就将弹涂的肺熬成油，来炸番茄膏片，下料爆香，这滋味如今已成绝响。

虾不但虫

从前叫“虾不但虫”，后来叫虾不但，现在在酒店里叫富贵虾，有的地方叫虾姑，都是指同一种东西。

大网捕虾时，能同时捕来虾不但，虾剥虾米需要将虾煮熟后在海边岩石上晒，过路人去拣虾不但，主人是默许的。那时吃虾不但就像吃狗肉，是少数人的横口，绝大多数人都不吃。虾不但的主要用处是肥田，虾不但做肥料那会儿，就被叫作“虾不但虫”。

虾不但能与虾同捕，是虾的亲戚吗？不是，是虾的猎人。就像羊群旁伺机的狼一样。虾不但虫像蜈蚣一样多脚，这是一种浪费，海水里爬的机会很少，但它还是长了许多脚，白白让人产生“虫”的联想。虾不但虫最厉害的武器是两把刀，这刀螳螂也有，但它的比螳臂更结实锋利。据吉尼斯世界纪录记载，世上所有动物出手最快的纪录保持者就是虾不但，挥刀速度极快，形成爆发力。我在《动物世界》中见到过虾不但挥臂击碎鱼缸的情形，这样的武功，让金庸来说就叫“匪夷所思”。

虾不但虫后来大人开始吃，小孩不许吃，就省去了虫字，叫虾不但。因为吃虫是自辱，鸟才吃虫呢。小孩不能吃，说是吃了会尿床，这样的说法是因为虾不但腐烂时有尿的气味而产生的猜测。虾鱼、虾、虾不但体内多含尿酸，这也正是鲜味所在。这些东西又多含磷，夜里在海水中都会发光，光是七彩的磷火，虾塘边伏地细看，虾舞虫飞，好看得像凤凰。

第一次在饭店里看到富贵虾，惊讶于它原来是虾不但。就像洪武坐江山，邻居见了：这不是重八吗？世事总是出乎意料的。

富贵虾不是一般的好吃，海鲜中介于虾和蟹中间滋味的就是它，前提是必须是活的。虾蟹类的东西活吃与死吃味道完全不同，与鱼是不一样的。再是必须肉肥膏满。我妻子挑富贵虾有经验，认得项下三白，是说下巴下面有三条线白而隆起时就肥，的确是万试万应。

初食富贵虾，看这虫似的东西满身披甲一时无法下手，其实很简单，用刀在它肚子上划一下，把它整个铠甲脱下，就都是肉了。

鱼草下饭

宁波方言中，下饭是菜的意思。鱼草，又是海岛的方言，如今已经很少有人说，意思就是用作下饭的鱼，多得像草，以鱼待客，主人会说：对不起，只有鱼草下饭。

有一个叔辈三代都是捕鱼人，从前祖上是船主，船主的船只有一只，是五吨大的木帆船，只能在家门口作业。群岛家门口可捕的鱼有很多，除乌贼、鲳鱼、鳓鱼（肉味介于鲥和凤尾间）外，其他以石首类为多，石首大小都有，梅鱼、小黄鱼、大黄鱼、米鱼、大鱼(即毛鲿和黄唇)。这些鱼脑子里都有一块白石子一样的骨头，像灵魂一般长在脑子的空腔里，有声音时，“石子”会震动，类似于听骨。

石首都是群居的，从前黄鱼旺发时，网都会被胀破，鱼都长胶，漂在海面上，篙子都插不下去。如今绝种，也是一下子绝种，只梅鱼、小黄鱼、米鱼还有。从前有一种捕石首的方法叫敲咕，从海面上笔直伸下去一根毛竹，人在海面上敲毛竹，竹杠一敲，海底下声音如鼓，石首的石头便震动，震得石首脑胀欲裂，纷纷浮出水面，肚子朝上半死着，叫翻白。这种敲咕后来被禁止，但禁不住海上的千船万舶，机器声对石首来说就是天天打雷，就不止翻白而是绝种了。

表叔家做船主那会儿，网都是自家搓绳结的，用苎麻，筷子粗的麻绳结大海碗般大的网眼是用来捕大鱼的。这种单船的捕鱼只能用溜网，就是候潮出海，在海里布一顶“蜘蛛网”。鱼都有逆水而游的癖好，浑浊的近海海水黄浊得能见度很低，就像雾中的蛾子触上蛛网，蛛网捕蛾是粘，而鱼如梭镖，尖头尖脑的一下扎进网眼里。有鱼鳞的鱼，在海水里调方向只能往前转弯，没有“倒车”，就只好向前往死里钻，越钻越牢。

大鱼百来斤重，一出水面就把舌头吐出，死得很快，不然渔夫根本不是它对手。表叔家五吨大的木船，一夜可捕百来条，最多记得有三百多条。大鱼的鱼胶是海中奇珍，一条百斤重的大鱼，一个干胶约一斤。毛鲿的胶如今一斤十几万，黄唇的胶如今一斤要上百万元了。而那时，国家收购不分毛鲿黄唇，一律三元钱一斤。

海岛人家男孩一出生，父母就会买一条大鱼，把胶晒干藏在米缸里，等小孩十七八岁时，用酒炖了滋补，一生就补这一次。

大鱼取胶后，肉如一头猪，一刀一刀剖肚横切，状如舞蝶，这肉就叫蝴蝶肉。因那时没有冷库，一般都用醉、糟、腌的方式贮存，咸菜似的，一年四季吃不完，见了就怕。

蛎黄

牡蛎，从前读课文《我的叔叔于勒》，不知道牡蛎是什么东西。蚝，又是另一种叫法。

可能东海水比诸海“轻”，蛎黄在群岛长不大，长不成“牡蛎”或“蚝”的个头。海边岸石上的“烂疮疤”，灰白的是藤壶，白的是蛎黄，有时多得无立锥之地。蛎黄被人挖去，剩下的半个壳黏结在礁岩上，新的蛎黄又长在上面，累累叠加，藤壶状如“富士山”，肉在骨质的中间一粒。蛎黄和藤壶，捉拿都需要“敲”。藤壶用什么东西都可以敲，而敲蛎黄，必须用蛎黄竹篙。竹篙毛笔般长，粗如锅铲柄，一头是撑船竹篙的一个铁钩，铁钩如啄木鸟的喙，尖弯，对准蛎黄往壳上一击，尖喙就啄破了壳，一掀，半个蛎黄壳就下来了，便用手捉鼻涕般，将蛎黄拾到桶里。

如果你不是海边长大，又是第一次见到蛎黄，产生的联想一定很恶心。我们小时候馋了时，就手持蛎黄竹篙到海边，敲开一个蛎黄，狗一样伏在岩石上舔食，活吃。

海鲜中的鲜字，蛎黄可以代表。鲜的比喻，海岛有一句俚语：鲜得让你掉头发。咸菜、女菜、蛎黄羹，是经典搭配。女菜是什么菜？黄绿色，叶面有水立方一样的波突，梗粗叶厚，味涩，久煮烂后，香软又含钙高。那么就先把女菜煮烂，再加咸菜，勾芡，再加蛎黄。蛎黄宜生吃，佐以酱油蒜粒，煮羹也要半生即起锅，一熟就缩水，老了真味尽失。

海鲜中壮阳的食药十余种，海马第一，牡蛎第二，是天然春药。当然据说还有海狗，但不知海狗能算海鲜否？

蟹

“苦楝树繁花，海荒至，荒年蟹多。”

到处都能捉到蟹，雨后水沟里的蟹成群结队，家里也有蟹出入，蟹多得自己跑到厨房里来了。这蟹是溪蟹，淡水溪谷中的野生蟹。我们小时候偶尔也会在秋天的夜里，用手电去溪边照蟹。秋风起蟹脚痒，蟹都从躲身的地方钻出来。夜里蟹被光照住是不动的，只不停地口吐白沫。这种淡水蟹肥了时，是不是大闸蟹我不知道。海岛没有湖泊，产不了野生的大闸蟹。

海岛多蟹，是海蟹，不单荒年才多，沙滩海涂中小蟹成群结队，最多的是沙蟹和招潮蟹。沙蟹从前一阵一阵地来去，多得像战场上的兵，捉了用盐腌在缸里，类似农家腌咸菜，是家家户户四季的常见菜。现在稀罕了，说在宁波可卖到十五元一只。沙蟹比蟑螂略大。蟹是食腐的，需要仔细吃，如今有人吃沙蟹整个放到嘴里嚼，这很好笑。蟹肚子里东西实在很脏，因为吃起来不方便，我过去很少吃，现在更不会吃。有一年我外婆腌沙蟹时腌得眼发花，看见了彩虹一样的东西。外婆笃信佛，以为是杀生罪过的警示，从此再不腌沙蟹了，但其他的生还是杀的，比如鸡鸭。

招潮蟹我们又叫红旗蟹，这蟹的雄蟹很奇怪，右螯长得几乎与身子一般大，通红，又高高地举着。许许多多招潮蟹在海边跑步的时候，都像打着一面面的小红旗。我们小时候，一脚把招潮蟹踩住，摘下它的大螯来，放到嘴里“咔”地一咬，如吃花生，这活肉极嫩极甜极鲜。蟹的这种吃法是顽童把戏，但吃得这般新鲜与及时，吃蟹中数第一。脚一松蟹依然逃窜，不久大螯可再生，这吃法于蟹也最为仁慈。

滩涂中还有许多品种的蟹，较出名的是青蟹，就是蝤蛑。青蟹会打洞，体型如鞋，极凶猛。换壳时最肥最容易捉，这时从蟹洞伸手进去，蟹是卸了武装的，只是一团软肉。捉青蟹的高手是沙鳗，沙鳗是海涂中的一种鳗鱼，尾部有眼睛一样的花纹。

沙鳗用尾巴在青蟹洞口抛来甩去地撩拨，惹得青蟹性起，用钢钳般的螯来剪。沙鳗算准机会猛用力，一尾巴将青蟹的螯打折一个，然后又撩拨，青蟹大怒，舞着另一只大螯来拼命。沙鳗知道青蟹中计，引诱青蟹出洞，转身一个回马枪，用尾巴把青蟹的另一只螯打掉。青蟹蒙了，正想不明白时，沙鳗回身用嘴对着青蟹的嘴，慢慢吸食青蟹的体液。

海岛渔村至今还有这样的俗语：“沙鳗吃青蟹”，意思是凡事需要动脑筋。青蟹的大螯肉多如鸡蛋，可下酒，蒸熟用菜刀将壳拍碎，蘸了酱油吃，一对螯可下一顿饭。

人所吃的东西中，不用五味而五味齐全者，蔬中是芹，肉中是蟹，尤其是大闸蟹。我的姑丈家住上海，嗜大闸蟹如命，他食大闸蟹专有一套银器具，小筷子一般，有钩、剔、刀等，是一组。用这“蟹具”精致地吃蟹，吃完蟹将壳拼起来，看上去还是完整的一只蟹。我的食蟹是粗吃，细吃来不及。

我食蟹无数，吃的大都是海里的梭子蟹。梭子蟹的雄蟹叫白蟹，雌的叫门蟹，春上抱卵的叫子蟹，冬深脂膏满壳的叫膏蟹。从前渔村里，膏蟹是用箩筐装的，我的渔民朋友多，一筐一筐地送我。那时我二十岁不到，吃的是食堂，又没有灶锅炊具，就用脸盆当锅，在门前地上用砖垒灶，没有柴火偷了人家的篱笆来，烟雾腾腾地用水煮蟹，吃到后来只吃螯，糟蹋了许多。后来有人教我，才知道可以用其他法子加工。将蒸熟的蟹用绳子串起来，挂在窗户前让它风干，叫作风蟹。风蟹吃时除壳后，肉都成了蟹肉干，咬起来有筋头，味道比牛肉干甘美。一时，我的窗台上如四川农民家门檐屋口挂红辣椒一样，挂满了一串又一串烤熟呈火红色的蟹。

浪费一些的做法是制蟹黄饼。蟹黄即蟹膏，制蟹黄饼就只取蟹的精华了。把蟹打开，把满包的脂膏挑出来盈在碗里，膏只取黄得发红的那种，连碗隔水蒸熟，蟹黄就凝结，把碗扣过来，就圆圆的成一个半球形。蟹黄饼纯是用蟹黄做的，所以是金黄色，中间打一个孔，用线串了，也挂在窗台上风干。蟹黄饼风干后可以保存许久，吃法是做汤的时候削下去一些粉末，当作味精用。如今在渔岛也只有四十岁以上的人见过蟹黄饼，并不是没蟹了，而是制作成本太高不合算了，按可以做蟹黄饼的蟹的质量，现在少说也要百十来元一斤，十斤活蟹取其膏无非几两，一斤蟹黄饼要上万元了。那时蟹五分钱一斤,朋友送来的蟹做了几十个蟹黄饼，现在想想真是浪费至极。从前读《促织》，成名的儿子捉了蟋蟀蟹壳青，视之如宝，喂以“蟹白栗黄”，读到这里每次都会“噎”住，直叹作者不知蟹，蟹白哪有蟹黄好。

后来，蟹一年少于一年，蟹多得发慌的岁月一去不返。寻常年头寻常吃法，蟹除了蒸，鲜吃还有葱油、红烧，与萝卜白菜同煮等。蒸蟹必须活蟹，活蟹活蒸，蒸时蟹脚纷纷挣扎，须用手压住锅盖，每到这时，我一边安慰蟹们：早死早投胎，早死早投胎。

还有的吃法是糟、醉、腌。腌蟹分两种，称为蟹股和呛蟹。没膏的白蟹，去掉蟹壳，剥掉蟹米须，将蟹对拗开，成了两股，大一点的蟹按蟹脚一脚拗一股，用盐腌了，所以叫蟹股。咸蟹股下饭状如榔头，土语有“压饭榔头”之说，寡淡无味咽不下饭去时，大叫拿压饭榔头。鲜咸的蟹股，确能将饭压下去。

呛蟹的“呛”是土话，也有人写作“怆”，反正只是个音。呛蟹需用最好的红膏活蟹，把它淹死在水里，这水是盐浓度饱和的溶液。浓度一定要饱和，否则不是呛蟹，变成了养蟹。蟹在水里极灵活，像鸟一样在水里飞，所以蟹也叫“飞水”。盐浓度一高，蟹体内的水分反渗透，不久就被“咸”死，四小时微咸，可当零食一样吃，八小时稍咸，可下酒，十二小时正咸可下饭，四十八小时后极咸，食蟹老鬼才吃。

淡菜

淡菜即贻贝，据县志记载，这东西还有一个响当当的名字：东海夫人。据说是武则天死后被谪而变为淡菜。其实淡菜比武则天不知要古老多少。

舟山群岛最东面，有个叫东极的地方，盛产淡菜。东极无风三尺浪，有风浪滔天，我见过台风季节巨浪拍岸，雪浪有三层楼那么高，煞是惊心。东极在东海深处，海水清得玄黑，浪花开处，处处见白，海水环岛浪花簇簇，山顶四望，犹如裙边。

炎夏东极有一景，就是渔姑采淡菜。三五成群的渔姑游在海里，背着竹篓，一个猛扎，潜到水下，看到丛生在礁岸上的淡菜迅速刨下，放入背篓，脚一蹬浮出海面，灵快如鱼。这些女人在海水里穿的仍是花衣花裤，宽松有如睡衣，浑身湿漉漉的，游人岸观，指点喝彩。

海岛出美女，跟近水和吃鱼有关。东极的男女老幼水性都极好，小孩会爬时，母亲便拦腰系一绳子，丢在浅水里，任其戏玩，自己则织网聊天。

采来的淡菜在野外垒石用大锅煮，熟后去壳晒在岸石上，晒至发硬便成了淡菜干。淡菜干烧猪肉，是海岛家常菜，和胃、补中，治妇女产后虚弱和内分泌失调。淡菜壳黑，失水即死，水煮淡菜肉柔嫩，味美。我食淡菜无数，曾从淡菜中吃到过一粒绿豆大的紫色珍珠，告诉别人都不信。

佛手和胭脂

名字看上去很美，佛手和胭脂，这两种贝类的样子其实也是很漂亮的。见过五指山么？青山叠起来合掌的样子，就极像佛手，大小如铜板，外壳青绿而嶙峋。

佛手就像牡蛎，是在岸石上生根的动物，一般长在礁岸的石缝间，要挖它下来殊为不易。胭脂则不一样，只有一面壳，样子像斗笠，另一面是肉，平滑而发达，平时就用这肉吸附在光滑的石头上。

采胭脂要趁它不在意时，急速地一碰，它便掉下，倘若一次不成第二次再去动它，它便拼了命似的牢牢吸住，吸得外壳与岩石间隙全无，任你将壳捣烂，也决不松动。

胭脂如人的指甲般大小，再没见过更大的。海边的儿童常将胭脂捉了来，贴在眉心和额上，这胭脂就牢牢吸在上面，以为是岸石。

一直以为胭脂就是鲍鱼的幼体，其形状结构滋味皆无大区别，就好比梅童与黄鱼，并非同一种东西。

佛手与胭脂，滋味鲜美，游客至海岛，必会好奇要吃它，有的还会将吃下的壳包了带走，认为海里有这等奇形怪状而又可吃的东西，有些匪夷所思。

带鱼

在大陈渔场，乞丐是这样讨饭的：摇一只舢板，在港口泊着的渔船弄里钻，“喂呀喂”地唱着不成调的破歌，讨一把带鱼，给人家回礼一把咸菜。这几乎不叫乞讨，是做买卖。在大陈渔场渔船拢洋的日子，带鱼与咸菜是等价的。新鲜到刀切下去鲜血会流出来的带鱼，白水煮，每天吃，吃得看到带鱼就会恶心。

我有个怪念头，觉得带鱼太新鲜会有毒。渔船上渔民被带鱼咬伤手，是非常严重的一桩事，据说因为有毒。刚捕上来的带鱼鲜得不是鲜，是“鲜哆哆”，尤其带鱼的血，腥得怪异。带鱼放一夜，待杀鱼不见血时，鱼身上的脂肪最饱和，清蒸后肉最嫩。带鱼吊着风干，叫风带鱼，整条鱼放盐里腌叫咸带鱼，初腌一夜的带鱼蒸了下酒非常美味，而腌得老了的带鱼发油时，用碗葱（一种野葱）一起在饭锅里蒸，是咸带鱼蒸碗葱。

如果你的童年有渔村记忆，你一定不会忘记“咸带鱼蒸碗葱”。冬汛的带鱼腌过冬，春暖花开时节，碗葱在石岩缝及路边绿茵茵地长出来，小孩就去捋了来，放在灶头，求大人蒸带鱼。暖暖的日头底下，一把方凳，一把小椅子，方凳上一碗咸带鱼，手里捧一碗白饭，碗葱的香味飘满院子，带鱼是鲜咸的香，这一刻的光景无法复制。如今我仍用碗葱蒸咸带鱼，但没有旧味婉约，没有岁月里的那份情，没有静静的有日头的庭院。

红烧带鱼在腊月里打冻，筷子插不下去的硬腊，这是美味，鱼肉有栗子的粉味，冻也是鲜爽滑口的好吃。

我是在渔场吃怕了带鱼的人，带鱼于我像一个认识了一辈子但并非朋友的“认得人”。带鱼在深冬味最美，冬带分黑鳞与白鳞两种，黑鳞较佳。带鱼的鳞是粉鳞，也叫鱼白，是最好的止血药，又富含奇异的营养。吃带鱼不作去鳞，三天的带鱼烂肚子，也不必去鳞，电视里窥见国宾馆大厨用带鱼做鱼排，用菜刀去鳞，心里一笑，那是真正叫外行。

夏天的带鱼叫夏白带,外洋的带鱼叫“外洋带鱼”,皆骨硬肉瘠，比不上正宗舟山渔场的冬带腴。这个“腴”字情急时找来，是想说很肥的意思。带鱼如带，说肥也是很瘦的样子。

大鲜与小鲜

人对爱着的东西喜欢用昵称，“心肝”“宝贝”，网络上现在爱叫“亲”，这样的称呼既语无伦次，又入骨，很有效果，对汉语发展是一种贡献。从前，我们的上一辈如果殷富，无论如何都会有一些黄白之物压箱底，夜里闭门关窗从箱底把一层一层的布包打开，在床头的灯下碎声轻语，他们把金条叫作黄鱼，大金条是大黄鱼，小金条叫小黄鱼。岛城是渔乡，从前盛产大黄鱼与小黄鱼，渔民们对黄鱼也有爱称，叫大鲜与小鲜。

海里的鱼若以颜色论，也是黄白之物，大多数的鱼是银子的颜色，带鱼、鳓鱼、鲳鱼，不但色如白银，而且还有银子般鲜亮的光泽。金黄色的鱼，好像只有黄鱼。黄鱼鱼群大，产量高，海上捕黄鱼，海面上常金光闪闪，所以长涂岛有谚语：北面一海金，南面一海银。长涂岛在舟山中街山列岛的中部，其北面的岱衢洋盛产黄鱼。中街山是个非常好听的名字，从钱塘江口的滩浒一直到姐妹岛兄弟屿的东极，大西寨以东，海水就碧蓝碧蓝，舟山渔场的黄鱼，都产在这一区域。

我有幸看到过海上捕黄鱼的场面。桂花飘香，黄鱼季上场。舟山渔场是长江钱塘江的淡水与东海的海水交汇口，因为江河而下的水体有丰富的饵料，和一千多个岛屿的屏障，成了鱼们摄食繁殖的好地方，一年四季都有不同的鱼成群结队洄游到这里，黄鱼是秋后，不知道它们从什么地方游来。

黄鱼的鱼群大，二十世纪七八十年代，黄鱼汛里，一网几百担的网头不稀罕，上千担的网头也常有。一担是一百斤，上千担就是一网十万斤的产量。舟山渔民捕黄鱼的网袋，形如单脚裤，对船作业。网如裤衩，网船如母，䑩船如公，一母一公两条船拖着裤腰似的网口，网口在海里张开，把鱼群罩进网里，这其实是一种十分笨拙的方法。鱼群在海里极其灵活，又是易惊的，不管是从后面拖过去还是从鱼群前面罩过来都是不易的事，何况人又看不见鱼，靠估摸。渔民老大捕黄鱼靠经验，一是看潮水的流向，不同的时间潮水有不同的流向，东南西北水。再是有鱼群的地方海水颜色会变，叫“白米米”水。最笨的方法是听声音，黄鱼的叫声像蛙鸣，几百万条的鱼虽然潜在几十米的水下，但开口叫起来，也是不小的响动。七十年代底岱衢洋捕黄鱼，几乎可以网网不落空。

黄水的大海洋，天上一轮明月，千船百舸在这一片海上云集，机声轰轰，渔光灿灿。沥港渔业队江永成老大的对船又起网了，好大的网头，绞网机把钢绳绷得咯咯作响，人们小心翼翼拖着网把，一身雨衣雨靴打扮，非常紧张，船身在倾斜，海浪夹头泼上来，凉意阵阵。“哗”的一声，网袋破了，这一网罩住的鱼群太大，胀破了网。

黄鱼是深水鱼类，近海面失压后，舌头吐出来，立即翻白僵死。一阵鱼的哇呜声，戛然而止，鱼们纷纷吐舌头，从破网中溢出，黑压压浮在海水中。江永成疯了似的拿了一竿网兜站在浮鱼上捞，捞不胜捞，他就蹲在浮着的鱼堆上，捧着头哭了。大海洋，秋风里，明月头顶悬，海上浮鱼如陆地。江永成是个多情的人，他是舟山渔场赫赫有名的万担老大，我常对人自豪地说，他是我的朋友。

三四斤重的大黄鱼三五条烩一锅当饭，这就叫鱼羹。船上吃鱼羹，是岛城有口福者汪洋深处的记忆。黄鱼最好吃的是鱼肚，就是胃，好比鸡鸭的肫，是比猪肚更鲜而且脆的味道。黄鱼胶宜晒干炒熟作菜肴的配料，是补品。黄鱼肉白如蒜瓣，船上鱼肉当饭吃时，好比米饭的饱味道。我们的黄鱼，没料到三十年后是五千元一斤，而从前，它们在黄大洋上不过是我们的饭。

黄鱼还有一种捕法是敲咕。黄鱼是石首类的鱼，脑子里不知为什么长了一块小小的白石，敲咕就是把毛竹竿接牢插到海里去，用木棒敲竹杠，毛竹的震荡在海水里可以传得很远，“嘭嘭嘭，嘭嘭嘭”，鱼脑子里的石头震动，鱼们头痛欲裂，纷纷浮起来。这一做法后来被禁止，人们担心鱼被吓坏，再也不肯到舟山来。

大黄鱼叫大鲜，小黄鱼叫小鲜。其实，鱼中比黄鱼鲜美的鱼有很多，黄鱼比不上石斑、鲜白鳓鱼，因为黄鱼多，多到叫起来需要省略。果然，大鲜与小鲜是比大黄鱼小黄鱼顺口许多。

我十八岁时发明了一款以黄鱼为主料的土菜，吃了之后几十年里还有人在怀念，这是一道羹。大黄鱼斤半洗净，隔水蒸熟，去骨皮刺剩净肉捣成泥，备用；土豆（黄芯小种）蒸熟去皮成泥；药芹半斤切成葱花状备用。素油半两至七分热炒土豆泥成金黄，入鸡汤（清水）适量，加鱼肉煮沸，加咸淡味精，少许黄酒，用粗面粉勾芡，入香芹，打锅后即起锅入盆，淋香油少许。此羹色雪白金黄碧绿，清香而味厚浓，又鲜美。我馋人也，年少为解馋自制土菜，绝味至今。

怀念黄鱼。

鲳

王菲唱的《幽兰操》中有这样的句子:“君子之守，子孙之昌。”兴旺叫昌。鲳是鱼，所以写作鲳。鲳在海中“倚水壁立”，渔乡的人叫它“壁挺”，它是扁的，扁的鱼很多，如果扁而不“壁立”，如花鱼，游起来正好省力气，身体可以派翅膀的用场。鲳不是，不是贴着水游，而是立着水的，那么扁又是那么费劲的习惯。

鲳鱼游起来很快，让人相信海水的纹理是竖的，成群的鲳鱼侧着看，像一堵快速移动的墙，墙上的每片鱼都有一只眼睛，鲳鱼两面，一面生一只眼睛，小而圆，不眨不闭。

舟山渔场的鲳鱼有很多品种，小如孩子手掌的叫“枫树叶”，薄如菱形，很神似。岛城形容胆小的男人有一句俚语：枫树叶掉下怕头敲开。走进菜市场，枫树叶就不再指树叶，而是指小鲳鱼。正常体型的鲳，才叫鲳鱼;体积骤增，肉膛又肥又厚的鲳，叫“婆子”。枫树叶、鲳、婆子不是同一品种鲳鱼的从小到大，而是三个品种，枫树叶铝白色，鲳灰白色，婆子钢蓝色。鲳的鳞都细小，婆子中又有一种叫“长鳞婆子”，其实应是“长领婆子”，正常的一领五六斤，整条煮烹，一般盆碟都装不下。

头小内脏小，骨骼细软，鲳的身体十有八九是肉。扁的鱼宜两面煎，尤其枫树叶，煎来如锅贴，我一直想把枫树叶开发成一款零食，用羊肉串的烤法，炭火上烤，应当比烤鱼片好吃。鲳鱼可与所有蔬菜同煮，甚至土豆萝卜，瓷盘盈鲳鱼是很妥当的搭配，鲳鱼季，家家户户桌上都有。长领婆子是海珍，出了渔乡，外人一般都不知道，以为是大鲳鱼。新鲜的长领婆子，肉厚嫩，鲜得有回味的甘甜，是滋补的，产量少，又不宜远运，鱼的风味，都在于新鲜。

又说鲳鱼的竖立，是竟其一生的事，至死才平放，比如在鱼篓，比如在碗碟。又联想到娼，但不能做“昌在鱼为鲳，在女为娼”的造句。我有朋友名字也叫昌，竟然也是头小、嘴小又下唇兜住上唇，说这是有吃福的相，鲳鱼也是下唇兜住上唇的。

疏 桐

这样的词应当是瘦人写。有一天与人说健康，一般常常着眼于体格，其实我以为是生命力。人的生命力与肌肉发达面色红润无关，但与精神的旺盛有关。人的精神差异很大，有的人精神有如皓月当空，有的人光微如烛火。东坡的精神世界是大的，所以他虽是胖人,却可以写出瘦人的句子。瘦人的哀怨要比胖人“作”。生理会影响心理，如果一个能挑五百斤担子的汉子，写出“轻罗小扇扑流萤”这样的句子，就骇人。

读诗词我很少着眼于意思，只意会意境。意思是简单的，意境会把人融进去，他灵魂中有的东西你灵魂中也有，一个陌生的地方，你竟无比熟悉，这样就引起感动。

缺月疏桐是清冷之作，同气质的东西还有“初静、幽人、孤鸿、寂寞”，那是由心情造出来的一段情境，文字明晰地描述出情感，而魅力在于整个背景的无边际，巨大的不明了，清楚的朦胧，情绪又是极熟悉极准确。意思是什么呢？意思没有了，意思化在每一个字里，只是一种韵味。一只苹果放在你面前，苹果是什么意思？苹果没有意思，是每一口咬嚼的滋味。

总有人聪明地要把所读的意思拎出来，把活的东西弄死，何况意思只是你的格形成的认知。月亮的意思是地球的卫星、嫦娥住的地方，还是月亮婆婆？情感世界是一个无限的不明了，试图作有限的界定，就是捉飞鸟在笼子里。

缺月挂疏桐，漏断人初静。谁见幽人独往来？缥缈孤鸿影。
惊起却回头，有恨无人省。拣尽寒枝不肯栖，寂寞沙洲冷。
——苏轼《卜算子·黄州定慧院寓居作》

说 话

说话是件复杂的事情，脑子里要有内容，要讲语法，还要发音，不能说错别字，还有对象、环境。阿爹阿哥都不是错别字，但不能阿爹面前叫阿哥，阿哥面前叫阿爹，这样的事在我们小时候常有，这是讨打。

言辞有障碍的人是咕哝或结巴，咕哝是语句不清的那种人，碰到比结巴更急人，咕哝起来喉头有痰似的，十句话听不清一句。蛋皮是绰号，扑克牌的 Q 我们叫蛋皮。蛋皮讲一年话只让人听清两个字，就让人当名字叫了。大多数的咕哝吐字是清楚的，两句以上就混乱。从定海到沈家门去，没坐船，坐的是车，这就说不清楚了，定海、沈家门、车、船、去、来，翻来覆去，芝麻炒盐一般，嘴角都是白沫。我见过的结巴都是急性子，急性子的人容易得结巴，许多话想一起说，拥在喉头堵了起来，这就像挤公交车，一起挤反而慢。结巴说一个字的时候不会结巴，两个字以上，第二个字需要憋。唱歌时骂人时结巴都很流利，结巴遇急事，其实可以唱。

说话是费心力的事，吃开口饭的人短命，惜话能够养生。菜场门口电灯柱下两个女人在聊天，她们说了一个多小时猪肉，脸都说得干白，嘴唇发紫。这两个女人说话节奏很快，急促地说长句，还抢话头，嘴唇练得纸一样薄，说话声“切切切”，像剪刀，话都是废话。人的神情会传染，说的是猪肉，但两只眼睛却在神秘兮兮地乱瞟,走过的人都会被吸引一下。这种人说话是有欲望的，姑且称为说欲。食欲、性欲、说话欲。

薇

古琴曲《关山月》可以用李白的原诗唱，“长风几万里，吹度玉门关”这两句的曲调，有倪云林笔意。倪云林的画苍茫中暮色四起，没有人间烟火味。清明寒食，林莽下草木始青，今天我吃了一把青草，如果用雅言，就是“食薇于野”。

三天前的半夜里，想到清明要给外婆去上坟，三十年没去和尚山上外婆的坟头了。坟地在从前她夏天种豆的豆地上面的树林里，我常跟着她在大热天的清晨踩着露水上和尚山捋豇豆荚，几把豇豆中午在饭锅里蒸熟，捧着饭碗坐在门前吃。今天叫表兄作陪，表兄的老屋就在和尚山下，他路熟。接了昌东菜场设摊卖蟹的表兄，开车到和尚山下，在山下的旧屋里拿了刀、镐、畚箕等家什，过茶山，在林中找路寻坟。山中的野树几屋高，树下除了山荷叶与几丛苦竹，很静寂。

和尚山是座很高大的山，我童年时摸到山顶的巨石上去仰面躺过，云移过眼前，有鼻尖抵天的感觉，视野里只有很深很深的蓝，大声喊自己的名字，不敢应。这样的自己很陌生，山也是陌生的。松树下循香寻兰，真实的情景就在和尚山顶，那时还是七八岁的少年。我上一本书《故乡有灵》中所有篇章的情绪，都来自和尚山，如果在秋夜的明窗里遥望它，会悲从中来，那是十一二岁少年的贫苦时节。表兄不让我在外婆坟前烧书，说应当给他。我两手空空没带冥币，本想书就当纸钱了。

表兄卖蟹很忙，好不容易来一趟，带了许多香烛钱币白纸幡，在树林里走亲戚，这里埋有他太公、爷爷、父母叔伯等祖上，我就在林树下坐等。回来见我大把地上捋草吃，惊得噎噎。我拔一把让他也吃，他不吃。

薇可生食，清香无苦意，细嚼有豆子滋味，一把撸来，茎叶花俱嫩。可生拌做菜，味不逊生菜与蒿苔。

不出书房的文人把《诗经》中的薇解作豌豆苗是错的，薇比豌豆苗要小得多，叶型与颜色也不一样。野草中薇最像豌豆，也是豆科植物，叶、花、豆荚都只有火柴大小，清明前后铺地而生，密得不见泥土。薇我们小时候叫鬼豆，不敢碰，以为是鬼的作物，碰了怕得罪鬼。岛城野草中薇多得低头能见，尤其是路旁和地边，碧绿细碎又有发丝似蔓须的，就是薇。清明是薇开花的时节。

夏 天

海岛在梅季到处是水，水中群山暴绿，阳光之色唯有路边葵花，湿漉漉的一团金黄。黄金黄如屎，纯度99.9%以上才黄中显赤色，赤金软，咬之可留牙印，人像吃梨膏糖一样咬金锭是不多见的。银元灭烛一样吹一下放耳边有“嗡”声，这电影里常见。其实咬金子与吹银元是从前人们情不自禁的习惯，就像如今爱钱的人，夜里关门坐床上灯下数钞票。

我邻居那对卖白斩鹅的胖夫妻，几乎不用花钱，没有任何嗜好，也不娱乐，只每晚临睡前数钞票，食指在嘴上蘸点口水，“飕飕飕飕”地数。爱钱才会有钱，爱钱人爱钱不会计较钱多钱少，嫌少而不爱的并非真爱，使出去一分便有一分的痛，这才是爱钱人。

金牙齿不是真的金，金子太软不能用来当牙齿，是黄铜或者18K金。银牙齿是真的银，门牙镶金牙齿的是暴发户，正儿八经有身份的人家金牙只镶大牙，门牙嵌银牙，笑而不见金牙，这叫不露富。

人间事隔岁月看，尊贵也都很土鳖，不屑门牙镶金而镶在大牙上，好笑之处在于二者并无区别。白斩胖夫妇的理想是儿子长大后一定要在银行上班，儿子可以整天数钱，数钱是幸福的，可以不在乎钱是自己的还是别人的。

银楼数银元有暗房收入，银元脏了需要洗，清洗时加点硫酸，这样银元洗亮后，几万只银元可以洗出大约一只银元重的银粉，这是默许的。从前每个行业都有类似的职业性体恤，比如牢头卖犯人尸体，管家受主人差遣做事拿回扣，连雇一顶轿子都可扣轿租费的三成，如果拿不到，是这家主人不上路，会被认为太精而遭下人看不起。精就像一个人是瘦子，没有富贵态，瘦子再有钱总不及胖子富得地道与体面。《红楼梦》中有人向王熙凤讨大观园种树差使，实费不到一半，这都是明的。定例无处不在，就连工匠出门去小户人家造屋做张床，凡一个月以上，与女主人小媳妇勾搭些，也被视为行业惯例。现代文明社会所谓的腐败，其实在从前的传统社会里都能找到定例，不稀奇的。

与一个教金融的教授打赌，货币会回到金本位。原因是，阳光、黄金、稻谷，这三样东西其实是同一样东西的不同品相，这东西姓黄，姓黄的非同小可，都是用来让人活命的。当人类把自己弄乱，不可收拾时，天意会接管人事，黄金就是用来做钱的。

梅季马上过完，正经的夏天到来了。

闲 冬

今年的秋天沉重如山,入冬才稍微喘过气来。心情随着季节走,一步一叩头,对节气物候异常敏感,并且敬畏,像会落叶的植物那样。冬天勇气尽失,畏寒,怕洗澡(家里卫生间没有空调),早早穿了棉袍,收敛着,纳袖,闲坐,出神。很小的时候有人评判我说:底子是老实的。自己也知道一年中,到了冬天,黄叶满阶的日子,便最好不出门,不做事,老实底子显现,神情木讷。

一个人一生里真正做事并且最成事的时候,其实很少,决定你目前成就的有所作为的时间,加起来也很少。许多念叨着要奋发努力的人,以及珍惜光阴这样的说法,都是骗你的。一刻不闲着的人,大多是心急之下的瞎折腾。人大多数时候根本就不必时时刻刻努着力,公交车还没到站你气咻咻地跑什么?浅水里淹不死人,几乎所有的成功都不是单靠努力得来的,许多努力可能适得其反。日日夜夜不浪费光阴的人,其实是焦虑症患者。比如冬天,冬天是你努力就会到来的吗?

冬眠的动物是智者。睡觉是天下最伟大的事业,冬天的天意就是闲适着,放松着,坦然着,存下心来享福。所以决定每天晚上喝点酒,而从前是不喝的。

闲与懒是养生的,许多人摸索养生之道种种,却故意忽略真正的事实,不知道是什么用心。凡高寿者必心懒,比如乌龟,真正的闲者寿可千年，比如树，还有比树更闲的活物么。生命的优美与高贵有一个衡量法则，并不是富贵，是你一生有多少辰光清闲。富贵者劳碌，不劳而得富贵者易夭，而劳碌却是一种贱。这样说可能与你们的标准不一样，我讲的是实话，到临死头一天你会同意我的说法的。我父亲临死头一天拉着我的手说：我们父子缘分五十年……人在临死前会归纳总结感慨。

人生快意事，大树下乘凉，火炉边取暖，冷雨中亮屋读书，冬天温一壶酒，醉了热被窝做梦。如若不能，做一个乞丐，以天地为家，飘叶一般随安。丐是仙人，真的不可小看。

咸 淡

大家都在静静地做事，有人放了一屁，他耳尖，立即应声“呸”了一下，其实放屁的那位离他很远。放屁的那位是极伶俐的人，立即说：你倒吃得快，这就嚼出渣来了？他想了想，小声地辩白说：屁又没有渣……屁没有渣那你“呸”什么呢？是不是？说这话的是柴大凡。

柴大凡白白的，修长身子，是个医生，经常笑容满面，乡村很少有这么优雅的人。我是怕极柴大凡，我十岁之前常生病，而一生病，柴大凡就要来打针。医生与外国人都是有气味的人，尤其柴大凡，他一走近，我就会闻到那种不祥的气味，我极不喜欢这个人。

柴大凡很早就移民去了美国，而且一直在美国洗盘子。关于洗盘子，我一直怀疑，美国哪有这么多盘子要洗，所以柴大凡在美国不一定洗盘子，但内心我是希望他洗盘子的，最好一直洗到现在。

柴大凡去美国前来我家吃过一餐饭，他与我家老头是朋友。柴大凡吃饭名气很大，他好咸，嗜咸成瘾。他吃一顿早饭要有一瓶酱豆腐才会过瘾，火柴盒大小的老式酱豆腐，糨糊瓶大小的瓶，他能把一瓶吃光，把瓶里的汤也喝光，舒一口气：啊。

这顿饭我家给他备了两瓶酱豆腐，我为了恶他，又偷偷地在瓶子里各放进去两调匙的盐。那天柴大凡用酱豆腐下酒，吃得红光满面，额角都沁出汗来，大呼痛快，说了很多胡话，拍着胸脯唱一样地说：我，血，流，得，很快……

小 年 夜

今天是小年夜。阴霾散尽，天角露出阳光来，照在东边的山上，山上的杂树还待在雨意里，阳光在黄昏是明黄色，披着阳光的山头远望黄如麦地。树有寒意，屋瓦上长着的过冬的新草也有寒意，竹翠绿。

每年的年末就感觉空荡荡的，气氛都在空气里：人在暮色里匆匆走，提着一刀肉，拎着一只鸡，鸭子扁着嘴在溪水里“嘎嘎嘎嘎”。南方的年底是绿的，但是湿冷，节日能使心情暖过来，因为有烟花，还有穿红着绿的热闹。节的意思是一个段落，天然有节的植物是竹子，竹管空空，竹节是实的，竹子在火里烧，节会爆裂，有声响，所以叫爆竹。

和尚剃了崭新的光头，这样的除旧迎新惹人摸，光滑的东西都惹人摸。葫芦别在腰间是古人的做派，时尚如现有一部苹果手机。葫芦束腰是一个品种，有定数的事情，装酒的葫芦也别在腰间束腰，装药的亦然。年节有年节的心情，什么样的节便是什么样的心情。

大势至矣，腊月有霜。且过且变的是季节，用手探，风里就有深刻的寒意。如果雪后月皎洁，年夜就落在清白里，豆苗青青，麦苗青青，雁过，有静夜好作文字想。

谢年要等潮水起，这是我父亲的固执。香烛的火一静一动亮着。我们小时唱“北风吹，雪花飘”，浑然不觉喜儿的悲怆。如今知道毛女是神仙故事，“水边一神女，千岁为玉童，羽毛经汉代，珠翠逃秦宫”。传说里毛女也是避秦的遗民，没寻着桃花源，深山中食松食柏于是长了毛，不死了。唐以前的毛女是黑毛女，唐以后的毛女是绿毛女，虽然毛发或黑或绿，但不死之身修成了仙姿，做了美女。

毛女传说中，人也不是一个，是白云里的一对，“山头剥枣分猿吃，云里巢笙唤鹤骑”。我们小时候知道的毛女是白毛，《诗经》云:“白茅纯束，有女如玉。”喜儿在戏里唱着跳着被共产党解放了，没有成仙。

蟹弥须

蟹弥须可以吃。我表兄在昌东菜场卖蟹卖了三十年，只卖蟹不卖别的，没蟹可卖时，也只卖与蟹味道差不多的虾姑，虾姑也是甲壳类，与蟹是近亲。一个人如果长期与某种东西打交道，日子一久心性会不知不觉被浸染，我表兄如今长得横阔大，相势张牙舞爪。一箩筐蟹，他只要摇一摇，就知道膏蟹几成，雄蟹多少雌蟹多少。冬天的雌蟹叫门蟹，雄蟹叫伯蟹，门蟹长血红的膏，价格不一般。我问表兄卖蟹三十年的心得，他说：蟹弥须可以吃。

“别看蟹无血，烤烤也会红”，这是岛城很励志的一句乡谚。蟹并非无血，血是蓝的，鲎、蟹、虾姑，海里的甲壳类都是蓝色的血，煮熟后蟹壳会发红，肉是雪白的，滋味完全不同于同属海里的鱼肉，据说是另一种蛋白。见过一个天生不能吃鱼的渔民，在船上捕鱼时只好吃蟹。每天烧饭时他就在鱼堆里拣蟹，各式蟹。蟹是骨包肉，蟹壳挖开除了蟹弥须似乎都是肉。蟹弥须是蟹的肺或者叫腮，长在壳下肉上，胸肌似两排束状纤维的海绵组织。岛城食蟹，蟹去壳后先要除去蟹弥须，不用人教，想都不想，这是从来就不作兴吃的东西。我表兄是估摸着蟹弥须可吃然后去试吃的，还是吃厌了蟹肉没事干去尝的蟹弥须呢？他补充说：蟹弥须比蟹肉鲜。

我吃了五十年蟹之后，今年第一次吃蟹弥须，口感不错。原想着嚼起来也就水与渣，不料海绵样的东西也是肉，鲜是肯定鲜的，这肉有另外一种滋味，一种不可名状的“肉”的滋味，的确是可以吃的。不作兴吃的东西，如今渐渐都在吃了，比如番薯叶柄、南瓜蔓，还有舟山山上满山长的蕨。

蟹出水后，不会被憋死，它吹泡，“滴滴叭叭”不停地吹泡，好像老太婆念经。它是为了给蟹弥须保湿，蟹弥须有水，蟹就能呼吸。蟹弥须从海水中过滤氧气，比鱼的腮复杂得多。我表兄现在每吃蟹，必先吃蟹弥须，不管别人吃不吃，他吃给你看。虽然可以吃，但试一下蟹弥须也吃过就够了，满桌也就他一个人吃，他坚持吃是要告诉你，他老蟹，他与蟹熟。

雅

坐在屋里一转脸，窗外就是这棵梅花。朋友玉米想到我家看梅花，被雨扫了兴，这雨从年前下到了年后。终于忍不住去怪他，你老下雨干什么？他说你的雨也在下。天要下雨娘要嫁，无处可以去责怪。责怪他无非是为责怪寻一个出处，他倒是接受了这样的责怪，你没人可怪怪我是吧，停顿一下说：你喜欢怪就怪好了，随便怪。

所有的树都会开花，这是一棵开满白花的梅树。前几年，兴冲冲来赏梅的人，不是来得太早，就是来得太晚，今年不来了，是雨不让来。心念一动雨就泣泣而下，一想出门雨就纷纷劝阻，千言万语的样子，就畏惧，无奈。冬天十五分钟也要睡午觉的人，没雨伞街对面买方便面都没法去的人，你指望他雨中看湿淋淋开白花的树？

你还没有这么雅。雅字是有牙齿的，实话说雅不如鸦，鸦从来不来梅树上惊心地叫，开花时也决不来。十年没见乌鸦了，不来就是好鸟。

雨里，白花，窗外，一转脸。无意间也可以不转脸，头别着不去看，它也是要开的，开得雨呀花呀的一塌糊涂。

有 病

自从有了神经痛，才把精神病与神经病搞清楚。原以为神经病是疯子，细想不是。神经病是神经衰弱，神经痛，美尼尔综合征等。神经衰弱一辈子没犯过，对于睡不着觉，我有治疗的秘诀。人睡不着觉的原因主要是多思虑，睡在床上把头想得火热，就是控制不住不胡思乱想，是血都往脑子里流。只要让血流向别处，就会睡着。你把注意力集中在什么地方，血就会往那个地方去。最好是注意离头最远的地方，比如脚底涌泉穴。想象脚底的中间有两只蚂蚁在爬，想上五分钟，就会不知不觉睡去。还有一种睡不着是心中不踏实，那就更加好办，你想象睡着的下面是漆黑的万丈深渊，而你的身子幸好被床板牢靠地搁着，身子与床板的交界处，会产生很心安的感觉。美尼尔综合征有精神病的样子，口鼻歪斜，手脚颤巍巍，但实质是神经功能产生紊乱，脑子并没有颠倒，不过我一次都没有见过。

多年前第一次得神经痛，惊骇得百思不得其解，缝衣针刺人一样的痛，东痛一下，西痛一下，有时一下，有时两三下。爬起来浑身上下脱了衣服找，既没有出血，也没有红肿，根本找不到刺你的东西，你防不胜防。当这样被不停地刺了几天后，去了医院。一直对医生是不太信任的，去医院是向做医生的表兄咨询，表兄一听很在行：噢，你那个是神经痛。

神经，是感知皮肉痛痒的器官，居然它自己也会痛。有什么东西可医？表兄又说:噢,方便的,那没东西医,痛几天自己会好的。神经为什么自己会痛？表兄说：噢，理论上讲那是微量元素缺乏，理论上又讲是缺少运动，理论上还讲有一种人天生要犯的。

这种病如果天生要犯那是欠揍了。不运动是对的，我一直强调生命在于静止，树、乌龟比人长命的原因就是不动。平时绝大部分时间是坐和躺，如今去三十米外的地方倒垃圾也开车。尽量不动，养一口气，把身上的懒气养出来后，那种浑身舒泰舍不得动的感觉，非常滋养人。

微量元素缺乏，或许缺乏的还有维生素。人们知道世上有维生素,我以为这是一种可笑的揣测。那你为什么不光吃维生素活着，干净又省事。我表兄四十岁起不吃饭了,以为淀粉是如今众病之源，餐桌上光吃菜就行了。他的运动是狗一样在地上爬。散步只能动脚，而爬还能动手，脚长手短，爬时必须抬头，就防颈椎病。后来他给我开的药是银杏片，银杏片是代替人运动的，运动的目的不过是加强血液循环，懒得运动又要血流得快一些，那就吃银杏片吧。

银杏片一吃下去，一个小时之后，手上的皮肤就会微红，麻麻的，血在毛细血管流动的感觉能让神经感觉到。但神经自己的痛反而频繁，刺的力度也加大了。我后来没再去医院，心想吃一些泥土试试，微量元素最全的东西是泥土，但吃泥土毕竟不是人干的事。后来有个老中医给了我一个偏方是河塘泥，也没敢吃。于是去药店里买了一瓶 21 金维他，试一下就知道有没有我缺的那种元素了。

这十年来，每逢神经痛，就吃 21 金维他。痛虽然还是每次换地方，但每一周期的痛都停留在一个区域了。现在会有先兆，提前一天吃药，痛就不出来，最多想痛的地方肉跳跳，哑的。前夜起月亮开始圆，又夏秋转季，却没什么前兆就开始痛，等临睡吃药就有些晚，就痛了一夜。我是有方法将一般的疼痛从身上移开的，但这个神经痛它是偷袭，并不痛在那里停住让你捉，就一夜不睡，像一个看不见影的人，坐守床边拿针刺你，你不理是做不到的。凌晨药效发生作用，不痛了。昨天就忘了吃药，睡前想起已来不及，昨夜又一夜未睡，下半夜坐着读《汪曾祺全集》，看得大笑，忽一针刺股上，惊得仰身跌落在沙发下。

纸 月 亮

古代的神仙安期生在舟山待过一段时间，舟山如今最高的山峰仍叫安期峰。安期生在舟山干过的最有名的一件事，是坐在海边吃枣，这事见于《史记》。吃枣之所以记之丹青，是因为那枚枣太大了，有瓜那么大，原话是“枣如瓜”，后来李白吹牛说：“亲见安期生，食枣大如瓜。”

我后来向海边的几个野老打听这件事，其中一个缺齿的老翁大笑:阿哥唉，番薯啦。老安那时吃的如果是地瓜，这是有可能的。汉武帝派来寻老安的皇差是不认识地瓜的，就以为是巨枣，诧异得不得了。于是汉武帝也诧异得不得了，司马迁立即记了下来，而被李白做梦时亲眼看见了。但那时中国还没番薯这种植物。

我家的枣与地瓜同熟，生食，地瓜与枣滋味很近，咬起来声音也差不多。海岛多地瓜，番薯从海外最早的传入地就是舟山。据说世上所有月季及玫瑰的祖宗，最早是传教士从舟山的山上采去的，原生种是舟山白色的山蔷薇，几百年改良下来，成了各色有香无香的玫瑰花。如果这是真的，舟山对全世界的贡献，以这个为最大。

野蔷薇在群岛山上极多，开白色花，结栗色圆形果，我们叫毛栗，毛栗多籽，籽伴毛生，可吃的是外面裹着的毛栗肉质果壳，酸少甜多有酒香。初秋，风里，野山上，用竹刀把毛栗的籽挖出，再竹签钉住，在石头上敲毛栗，把果毛从肉腔内震出来，敲时唱：

跌跌绊绊，
翻过南山；
南山北麓，
四龙环环。

这首儿歌江南地界的孩童都会唱，唱了上千年，疑是遗落的诗经。南山就是终南山，其北麓是商周华夏，我们的祖先考证下来都是中原迁来的。

安期峰在桃花岛，仙人踪迹都在。相传安期生入水不溺，日光下无影，缥缈得很。金庸将他脱胎成黄药师，虽为东邪，但武艺比真的安期生差远了。

海岛中秋是十六，今日才十五，月从山头出来了，望之如白纸。

嘴 巴

人的嘴巴只有一条缝，全部张开也塞不进自己的拳头。相比较，几乎所有的动物嘴都比人大，鲸鱼河马的嘴可以吞江吐河，即便只吃草的牛羊，嘴也比人大得多。牛羊钳子嘴，上下可以张开，张开时嘴就形如漏斗，低头啃草大可不必如此阔大，也从没见过牛们羊们长颈鹿们撑大嘴巴朝天吃过什么东西，但人家就要长这样的嘴，嘴是重要的，因为吃是最重要的，大肯定比小好。鱼里面嘴最小的是鲳鱼，海岛见有人嘴巴小，就笑人家是鲳鱼嘴巴。如果按身体与嘴的比例算，鲳鱼的嘴巴是不小的，只是因为鲳鱼把嘴生在菱形身体的边角上，好像占的地方不多。

所有的嘴都长头上，有的张开大嘴比头还大，蛇和虾孱吃东西可以把下颌脱开，吞下比自己身体还大的食物。嘴们千差万别，吞咬咽吸，功夫万般，都是为了吃。吃得最为精致与安静的是蚕，啃啮桑叶的动作如织如耕，刀切菜一样切树叶子，一张又一张地吃，吃光一张再吃另一张，没日没夜不停地吃。还有蚂蚁，嘴还用来扛东西，可以举比它身体重很多倍的东西，比如一粒谷，按比例算就好比人举一头牛。

大多数的动物只吃一类食物，人杂食，什么都吃，最奇怪是还吃酒与烟，这是不吃也没关系的东西，吃了只作用于人的精神。喝酒是为了高兴，没东西好高兴时就喝酒，让血液快速流动，把自己弄得很得意，这只有人会，其他活物都不会。偶尔吃到酒的动物也有，吃了睡着的居多，吃了吹牛的没有。吃烟需要学，学习的时间相当于学自行车或游泳，学会百无一用，坏处多多，但很多人每天吃，吃一辈子。烟是人吃的东西里唯一不用消化与排泄的，人吃烟真的是奇怪极了。

人的嘴不光用来吃东西，还要说话。有一种嘴还会口技，所有声音都能模仿。还有一种嘴能讲十几种语言，这种嘴巴又甜酸苦辣咸荤素通通吃，又会吐痰磨牙打呼噜。嘴的用场多寡与嘴的大小没关系，这就是神器。所有的飞禽没有唇，鱼只是看上去有唇，走兽也没有，猿猴稍微有一些，人有，嘴上有丰满的上下两片唇，用来接吻；另一种用场是女人用来做鄙夷表情，少数男人也会，就是两嘴角朝下拉，一努嘴。心有鄙薄嘴上不说，但比说了还醒目，还自以为精明着。这一般是没教养且心胸狭隘的人的表情，除了自己老婆尽量少与有这种表情的人打交道。

世上最狰狞的食物是蟹，如果蟹不是小一等，及人身大小，虎狼都不是对手，连蟹都吃的嘴显然比蟹狰狞多了。

做 戏

今日我家做戏。

寿山庙是城北的老庙，半城福祉靠它庇护，多年以前寿山庙迁到山下，香火日隆。依偎在小山呑里的旧庙，因为村里人的不甘寂寞，便在旧寿山庙将原址又修葺一新，像菩萨的故居似的，竟分出另一支香火。论寿山庙的正宗，新不如旧，可旧庙虽新修，气势不好与耗资巨大建起的新庙比，城北村的村民们还是以为小庙更可靠，村外的人却没有那么想，于是旧庙成了城北村的村庙。

村庙主要用来做戏，我居城北十余年在庙里做了三场戏。第一场新居落成，做了一场。第二场是修葺庙堂时，出资做一场给新塑的菩萨高兴。今天是第三场，庙里以为我家方雪阳是城北有史以来第一个考上北大的，便觉得我家应该在寿山庙菩萨生日时，做一场戏让大家看看。自然，这很应该。

戏是下午开锣的，连晚上一共两场，我没去定戏牌不知道演的是什么。庙里做戏，照例要三牲供奉，又要燃放爆竹，又要鸣锣开场，我都没去。电话来问该以谁的名义做戏。那当然是我。今天忙了一天，上午为兰花忙，下午在电视台谈关于吉祥寺的专题片一事。但不知怎的脑子里一直想，今天我在出钱请人做戏，现在正演得热闹，张灯结彩着，吹吹打打着，有许多人都在看，而主人不在。

晚上忍不住偷偷地去望了一下，不敢惊扰，这样的热闹我陌生，我不熟悉它，但它喜乐有序。

戏在做着，与出钱请人做戏者有何关联？这就是真热闹了。

天是一下子亮起来的，时光的晦暗除去，又见山清水秀。说实话，对老娘的死，我平静得一点悲戚都没有，这异乎常理。

第四辑 有情

桂 英

我一生感激的人不多，最近十年感激的人是桂英。

桂英是我父亲家的保姆，十年前把她请来照顾我年迈老娘。桂英来我家第二年，老娘在门口晒太阳被人撞倒，从此瘫痪在床，这一瘫就是八年，桂英代我们做儿女的床前侍亲整整八年。

这八年只要不出门，我每天午后都要去父母家一趟，我一直把她叫国英，她也应。知道桂英真名是在我母亲过世后，桂英要送一个花圈给我老娘，我给她写落款的时候，她在旁边一直紧张地注视着，写到名字时她突然用手扪住纸，轻声地说：桂。于是花圈上的字是这样的："阿姐长安。妹桂英挽。"桂英就心事落地似的满意而笑。桂英识字不多,我是故意要写得让她"只只"认识，看得出，她很开心。

在医院陪了两夜，守灵三夜，桂英一直不肯睡，临了她就睡在老娘的里侧，我看着一阵阵心头震动。桂英是一直这样陪老娘睡觉的，但老娘如今已死，桂英竟浑忘了生死之隔，迷糊地以为老娘还在。我叫醒她，她不肯起来，她说她不怕，她要这样再陪"阿母"一夜。这样的缘分令人心惊，连我们做儿女的都没有，我老娘晚年的福分就是桂英。

我的所谓每天去看父母，不过是去坐半个小时，一般是看报纸，进出时去老娘房间张望一下，话也不说的。老娘满头白发地仰面躺床上，大多数时候都半醒半睡地闭着眼，桂英就静静地坐在老娘床头，眼睛看着地板，等候似的等老娘醒来。我老娘一醒过来，就会马上说:桂英,我要水吃。桂英就会用手去替老娘捋头发,哄道:好，我们弄水吃。桂英知道老娘并非要吃水，吃水是一个借口，尤其半夜不肯睡时，老娘怕寂寞，就故意讨水喝。老娘讨水喝成了口头禅。所以只要醒着，老娘会不住地隔一会儿就讨水。记得有一年桂英有事回家，我替桂英值过一个夜，老娘折腾得我一夜没消停，到天亮时，我对老娘说：老娘，咱不喝水了，水喝光了。第二天桂英来时，老娘第一件事就是向桂英告状，桂英安慰老娘：昨夜下雨了，水库又满了，又有水喝了。老娘就笑。

我老娘的一日三餐都是桂英喂的，八年来大小便在床上都是桂英料理的，桂英对老娘越来越亲，后来日夜不离。桂英几乎不回家，过年时年三十夜我把桂英送回家，约好过几天去接的，桂英每年都因为不放心，年初一一早就坐早班汽车赶回来。老娘八年在床没有褥疮，桂英每天早上给老娘擦身子，老娘是大块头，桂英也是大块头，桂英与老娘睡一头，为了不压着老娘，桂英几乎睡床梃。我经常于心不忍，常自问：桂英啊桂英，你前生是老娘的什么人?

说出来你都不相信，桂英是上海知青，父亲是老工人，家里有六个姐妹，桂英是老大，因为穷和要带弟妹，所以没读过几年书，上山下乡是把城里的青年赶到农村去，没知识的桂英也被当作知识青年下了农村。桂英与别人不一样，她更适合在农村生活，所以后来也没回城，与农民老公关系也笃，儿子顶她的户口去了沪，做房地产生意，所以桂英是有退休工资的，但桂英坚持要出来做，每个月回家一趟把钱交给老公，自己一分钱都不花。桂英出来服侍的都是老人，而且每次都是到头，服侍老人到死。

桂英六十多岁，木讷，静默，两条街以上不认识路，看上去是一个很乡下的老实老太婆，但讲上海话。桂英不爱看电视，不吃鱼，喜吃肉，但必须有人夹到她碗里。桂英吃饭奇快，喜欢喝酒，酒是一口喝半斤不用菜，再多要醉，这是当初她给食堂烧饭时偷料酒喝养成的习惯。

我给我父亲买了条小狗，桂英宝贝得不得了，当儿子养，小狗便无法无天，见人就叫，我每天去它也叫，宠得肉包子火腿肠猪肉都不大愿意吃，要吃桂英炖的猪蹄黄豆汤中的黄豆。这狗平时一有空就抱着桂英的腿，桂英走路它也不放，就这样拖来拖去。桂英与狗说话，什么话都与小狗说，说多了小狗也冲她叫，她就真生气。桂英眼大脸扁，我就说：小狗的模样像桂英。桂英就会难为情。

桂英把人家扔掉的半新衣服捡回来，给小狗做窠，小狗后来看到旧衣服那么多，干脆大小便也要用旧衣服垫，桂英也依。桂英就经常在小区里拣旧衣服，就有人专门把旧衣服拿来送给她，后来发展到箱子、缸都有人送给她。我对大缸有爱好，这么多年里桂英送过我一口大缸、一口形状古怪的瓮。我准备把父亲与桂英接到我家里来住，桂英就想好了用送我的缸可以腌咸菜，腌咸菜需要菜，她要在我的菜地里种腌咸菜的芥菜。

老娘丧事期间，我家的客人看到桂英都动容，这么多年谁都认得桂英。我把桂英留了下来，本来她想在老娘五七之后就回去了，但我舍不得。桂英不能自己做主，打电话去问她老公，她老公支持她，说：做熟了的好，否则你会摸丢的，你又不识路。

接下去的两年我父亲生病，桂英又跟着我们上一家又一家的

医院，医院的医生与病人没见过这样子的保姆，对桂英特别善待，护士长还特许桂英在病房里为我父亲用电饭煲熬粥。这就又有人高薪来挖桂英，我病中的父亲就十分生气，桂英会唠唠叨叨向我述说我父亲的生气,还会抹眼泪。有人高薪来挖,桂英也十分自豪，也会与人谈价钱，但到真的要定下来，她又会赖掉，会看着我父亲说：阿伯离不开我的。

疼痛中的父亲易怒，又彻夜彻夜地睡不着。桂英不但整夜陪着，还要忍受病人的不顺心，我们来时，她就伏在椅子上打会儿盹，稍会她又会惊醒，说梦里阿伯在叫她。

这两年是我平生中最煎熬的日子，幸亏桂英给我顶在医院里。我有时会想，如果没桂英我怎么办？那个时候我最担心桂英也病倒，或者她突然回去不愿做了。

我父亲临终很清醒地与桂英说了一番话，并挥手告别。他要求桂英做完七七再走，桂英都答应。桂英在我父亲过世后，就又在我家多待了四十九天，她把我父亲的遗物都一样一样地整理清楚，每天给小狗洗澡，带小狗去小店买火腿肠。小狗一看到桂英找出两块钱硬币，就等在门边，一开门它就带路，小店它是无比熟悉的。

我父亲最后住院的那家医院的护士长，一次一次来电话催桂英，桂英等七七做完就离开我们家了，我们叫她把东西放在我们家好了，房间也给她留着，有空就回来。桂英每隔一个月会回来一趟，看我们，给小狗洗澡，买火腿肠。

老狗阿汉在我父亲过世的那年冬天也死去，只剩下了那只雪白的小狗。朋友见我没了大狗，送我一只一岁的边牧布丁。小狗欺负惯了阿汉，阿汉总是大让小。小狗来欺布丁时，布丁是幼狗，不让它欺，小狗就郁郁寡欢，每天趴在门口等桂英。桂英心疼得流眼泪，说我们全家合起来欺负它，她要把小狗抱走。

桂英现在服侍的病人也是个老头，是个有钱的老头，桂英跟着去了杭州，她把小狗带去了杭州还是养在她老公那儿我不知道，但桂英已有半年没来了。

阿 汉

阿汉是一条像狗的狗。如今的狗，很少有狗的样子，有的像羊，有的像狐狸，京巴则什么都不像。几年前有人送我一条名叫AD的狗，面目是紧皱眉头的猪的样子，家人少见多怪，强烈地不予认同，只好送还。而阿汉，一条八十斤的狗汉子，昆明缉毒犬，是标准的狗模样。阿汉八岁了，见过的人都说老实，太老实。我觉得应当把实情讲出来，否则这有辱阿汉的名声。

有一年牵阿汉去朋友家，朋友有三条狗，阿汉一进门就与人家搏斗，在人家的领地当众撒野，全胜，可它虽胜犹败，抑郁的，因为被禁住，打得不够酣畅。三个月后，朋友夫妇来我家，阿汉咆哮着挣脱链子扑上去。它记得朋友全家的气味，打过一次就牢牢记住了“敌人”的主人，一直到现在，四五年过去了，朋友只要来我家，它还是一如既往地咆哮。

阿汉的叫声沉闷而洪亮，我觉得它会狮子吼，夜深而吼，石板地会嗡嗡响。这样的叫声很扰民，有一夜乱了章法，没完没了地叫，隔窗喝不住，我亲自前去教训，看见它用脚拨着一条手臂粗的眼镜蛇，叫上一夜原来是它在与蛇搏斗，蛇已被它弄得奄奄一息。

从此后院的走廊为阿汉安了铁门，白天它就永远关禁闭了，只在晚上放到前院。已经数不清多少个日夜了，风风雨雨，屋檐下卧石板地，阿汉就这样被剥夺了见外面世界的权利。

我晚上不再到院子里散步，看见阿汉的时候更少了。清早我还没起床，它就被人关进铁门里，关铁门，阿汉熟练得不用人呼喝，门咯噔响，它就伺候在门边让你关，门一有缝，它就溜进去了，自告奋勇得很过分。铁门上锁，它坐在里面装作惬意状，甩尾巴让你看。于是一整天，几乎没任何东西再理它，过往的鸟，风吹落的竹叶，也是偶尔的，至于可以让它极其兴奋的蛇，白天再也没出来过一条。

阿汉一天吃一顿，是我定的规矩，晚上，把人一天吃剩的东西，一脸盆，有时半脸盆，让它美餐。阿汉吃饭闷声大嚼，任何东西都不得打扰，小狗只能远处观摩，这是阿汉最为神圣的时刻，它活着以及存在的意义，我觉得就只有这短暂的吃了。它吃得很快，因为有整整一天的等待。它什么都吃，最后会把每粒米饭都仔细地寻干净，把盆里的汤汁都舔干净。然后它就坐着，东看看西看看，莫名其妙地突然叫几声，叫完之后，起身沿着墙根走，巡视每一寸它无比熟悉的院子，到梅树下扯起一条腿，痛快地小便。

除了季节与阴晴，阿汉每天都这样。碰到饭里有肉骨头，一口咬住小跑着去树下吃，乌头、小狗于是乘机去抢阿汉的饭碗，碗里其实都是它们吃剩的东西，这可以忘记，小狗总是抢得很过瘾。

我家阿汉跟玉米有交情，虽然玉米--次都没有给它带过吃的。玉米一来总是先把阿汉从铁门里放出来，阿汉就坐下，把一只爪放到玉米手里，万分崇敬地仰望着玉米，一下一下地甩尾巴，玉米爱惜地抚摸它的头，给它讲人话，说的都是普通话。

日子久了，我对阿汉没有任何恻隐，玉米他们对于阿汉从未见识过母狗很不平，我会对阿汉说：乖，别听他们的，做狗就是这样的。

阿汉大多数时候躺地上睡觉，各种睡姿都有，没有任何收敛，撒泼耍赖地横躺，挡路了踢它，它都不会动，只拿一只眼瞄你。最近的夜里，它会找一块院子里松动的石板，抖着挠痒顺毛，“嗒嗒嗒嗒”，机器一样的声音，隔窗骂它，不理你。弄几粒牛肉干，胡乱地撒给它，竟然迟钝得不理会。没办法，这个笨伯可能在享福。

没有贼来，没有母狗来，没有响动，岁月太平，阿汉便终日无所事事，一日一餐，自有破盆子端来。

狗有异

今年我父亲生了两次病，都查不出原因，他自己老说睡觉的时候像有人在旁边坐着。我大姐去问肚仙（巫），肚仙说有个老鬼回黄泉缺路费，来问我父亲借。路费是请肚仙代转交的，这事我父亲和大姐都瞒着我,但病还是不见好。我弄来一条小狗给父亲玩，让他分分心。这狗是普陀山智宗法师庙里领来的，畜类中狗至阳，又从庙里领来，这就相当于活的法器，按我的理解，是应当可以镇住邪祟的。

我外甥女看到这条小狗大为失望，说这小狗长得不好看，像一条老头狗，头像动画片里的阿凡提，身子像驴，整个看上去就像阿凡提骑着驴。本来我要叫它小和尚的，就改名叫了阿凡提。阿凡提才三个月大，可是天生急躁，对什么都不顺眼，终日提着一口恶气，见狗逐狗，见人追人，整个小区里狗和小孩没有一个不怕它。阿凡提对比它大六七倍的大狗也要追，追到人家家门口，蹲守在门外，人家主人赶出来骂：一点点大，一把能捏死的东西，怎会这么霸？这谁家的狗呀？阿凡提就吠着吓人家主人。

我父亲根本管不住它，平时只有打狗棒子不离手，开始是细竹梢，阿凡提一有机会就把棒子叼去藏好，再粗一些就一口一口给你弄断。现在我父亲手里拿的是拖把柄，它就老远躲着，盯着拖把柄汪汪地叫。

阿凡提喜欢吃麻花，只有吃麻花时会老实地坐着，人扔麻花给它时，它能凌空用嘴接住，快得我父亲还以为掉到沙发底下帮它去找。一个早上吃了四根麻花，摊手告诉它，没了，它不依，追着你的裤腿凶狠地讨，这就要打了，狠狠着了两记拖把。它竟赌了气，从此再不吃麻花，扔给它麻花它就一脚把麻花踢掉。我不信，把麻花强塞入它嘴里，它立即吐掉，一条狗竟然能负气成这样！

那就改吃饼干吧，果然，它对饼干不负气，就像吃麻花那样吃饼干，但一次要吃六块。

院子里是给它安了狗窝，它却不肯在自己做窝的院子里大小便，专门入室跑到房间里来拉，屎拉在你卧室，尿拉在你客厅，每次必分三五个地方，弄脏你才过瘾。

阿凡提经常整理自己的狗窠，一有杂物立即叼出来丢掉，而且每天中午它要睡两小时午觉。午睡后安静地待在院子里，我每天下午去我父亲家，它等我到了家，才从院子里进屋，叫我给它撸毛。这两天它不再吵着进来叫我给它撸毛了，因为它的狗窠里新垫了块花布，美得它一有空就去窠里待着。把花布给它拿走，它就到处找，找来又自己垫好，这一次它不离窠了，管着。

壬辰记

我养了阿汉九年，两天前不进食了，卧在窗外的冷石板地上，望着江南难得一见的大雪，老死了。桃树下与岳云给阿汉挖坑，岳云夸阿汉福气好，死在了下雪天。可能是哀悼要佩素花的联想，木匠岳云作了这样的杜撰。院子里雪轻落，大朵大朵的，洋洋洒洒。阿汉死前兰房井边梅树下都去过，最后又回到我写字的窗台下。

阿汉足不出院，一天吃一顿饭，它所有的天地就是我家的院子，它甚至不知道这世上有母狗。近两三年起与人友善，生人来也视同主人，顺服地坐下看着你，八十斤重的狗，鞋子大的小东西欺负它也只会躲，低声地呜咽，大冷天雨夜唤它到兰房躲寒，也不敢进去，只每夜卧在我窗下的地上。如果窗开着，它会望着我写字，不发出任何声响。狗那里一岁抵人十岁，九岁的老狗算是高寿了。以前我每天进出会摸它的头，它老了的时候我不再摸它，它还是会蹲着摆好挨摸样子，等我出去它才起身。

阿汉是九年前朋友送我的一条昆明缉毒犬，从没见过这么像狗的狗，阿汉是跟在朋友的摩托车后面自己跑来的，十几里路跑下来，脚底磨去了一层皮，不愿意站立，躺在树下喘气。朋友有些失面子，喝令它起来，说的是普通话。对于与异类的交流，人会下意识地说普通话，从此我也一直用普通话吆喝它。狗不懂普通话，但它懂得人的语气。阿汉一直很顺服，很沉静，大多时候卧在石板地上出神。如果我在院子里，它总是跟着，望着我，眼神是直白的，不知道我在它的眼里是什么。

大约六年前的春天，阿汉溜出去过一次，在马路上被一辆机动车撞了，车从它身上压过，轮子没碾着，但被车子的底盘剐到了，它从车尾翻滚出来后还能站起来，踉跄着回到家里，就躺下了，躺了七天。我买了云南白药给它，菜籽似的小药丸放在手心里，它闻了闻，用舌头舔去吃下，它居然知道这是药！等到能站起来，它就在院子里寻草吃，狗天生知道用草给自己治病，完全像郎中那样。可能是旧伤在冷天里发作，今冬一下雪阿汉就站不起来了，勉强着挪来挪去，等到第三天，就倒在了雪地里。阿汉在我家很孤独，看家护院九年，一天吃一顿，一直住在室外，平时就默默地沿着墙走。夏天的夜里，找一块松动的石板卧着，用脚挠身上的痒，发出“嗒嗒嗒嗒”有节奏的声音，其余时候，如果它不想吠叫警告走过的行人，是没有声音的。阿汉的吠，沉闷且重，有回音，其实它是一条老实的狗。

桂英从我家离开后，又在我父亲最后住过的那家医院里做保姆，那家医院的医生护士都会向病人介绍桂英，桂英照料的都是垂死的病人。她在照料完一个等待下一个的间隙里，会到我家来，房间和床一直给她留着，她的东西也都放在我家里，她要来给小东西洗澡，喂火腿肠，然后住一夜。桂英在我家做了十年保姆，从我母亲卧床不起开始，到我母亲过世，又帮我照料年迈的父亲，最后帮我送走父亲。桂英服侍我的病母是衣不解带好几年，到我父亲生病，从上海的医院开始一直与老头一起住病房，一年里没回过一次家。老头最后住的那家医院，医生和病友都感动，后来有高薪来挖桂英的，她都拒绝，她与我们家有一种缘分，这样的缘分很少见。

与桂英最好的是我家的小狗小东西，桂英每半个月必要回我家来看一下它，进门就先给它洗澡，晚上如果住家里，她会把小东西抱到房间一起睡，而平时，小东西是睡在正对大门的我父亲从前坐着下棋的太师椅上的，桂英走前会给那把椅子垫上棉垫。小东西每天坐在太师椅上张望着大门像是在等桂英的样子，一有人路过，就飞一样窜出去吠，一直要跟人吠到定马公路，仿佛这都是它的地盘。

小东西是三年前我从狗市花两百元钱买来的一条白色哈巴狗。母亲死后我父亲身体一直不利索，有次去普陀山，智宗法师庙里的一条狗生了七只小狗，我讨了一只来，起名叫小和尚。小和尚通人性，须臾不离我父亲，一岁多时误吃了老鼠药，死的时候爬出去蜷在空花盆里，令我父亲非常伤心，当天我就从狗市给他买来了小东西，一晃三年了。桂英在我家十年，从来不给自己花一分钱，每月发工资后都交给她老公，只留下十元是给小东西买火腿肠的。桂英不看电视也不看报，她每天只做事、睡觉和疼小东西。桂英的老公我只通过电话，十年里没见过人，桂英很少回家，她有一儿一女，我只见过她儿子，没见过她女儿。

这一年，老父过世了，阿汉也死了，桂英也回去了。年末又风雪交加的，是为记之。

丧事记略

老娘八十一岁，在床上已病瘫了七年。这次老娘又发烧住院，一如以往。老娘住的医院离家不远，我们每年要送老娘去这家医院住院五六次，所以医生护士都极熟，常来常去都成习惯。每次我都是去医院借来担架，然后将车的座椅放平，先把老娘弄到担架上，再把担架移入我的车内，车内常年备着诵经的佛乐，于是老娘就躺在我驾驶座的右侧，听着佛经上医院。这样的情景我与老娘都极熟，几十次下来，也没什么事，就像是老娘躺着出门散心，很平常。老娘这次住院的第二天，声音沉到了喉底，第三天就需要抢救，抢救半个小时后，医生问我怎么办，老娘上下连满了电线和管子，人像是仪器的一部分，面有难受之色，我叫医生立即都拔去，咱们回家。

人死如灯灭，不必哀恸。丧礼是传统的做法，做了些改良，免去儒家礼法中披麻戴孝那一套，清淡简便，并且只通知亲戚。和尚就像经营大公司的老板，并不会为了一些小生意上门，民间倒有许多吃菜念经的女居士，专给人诵经做佛事超度亡魂。停灵、守夜、念经，我姐请来的念经班子一坐定诵经，我就发觉这是一些颇专业的人，神情气度都到位，那位领头的问我怎么知道，我说诵经如撒谷，你那谷子粒粒饱满，一把在手，没有一粒是瘪的。

钟磬鼓乐声细细的，在静夜只是分明，并不显得很喧闹。香火烛光又加上满屋的灯，人不寐。我坐在老娘身边的凳子上，老娘脸色如生。老娘就我一个儿子，所谓养老送终，就是这一刻的这个样子。此刻老娘所要求的我不知道，我只是按我的想法行事，尘埃落定时，要尽可能地安静，不扰，明亮与安详应该是老娘需要的。我们家的人都情怯，亲人间的情感也不善于很泛滥地流露，所以气氛沉默。我知道此时老娘已离开肉身，所有的昏昧已除，正神志朗然地在旁边看，只是不能与我们作生时样子的交流。

七个女人异口同声地念经，仿佛是不住不顿的一口气，于是给人的感觉是绵绵不绝，又好像是风生水起。我在旁边禅坐入静时，能辨出这七个人不同的音声调子，而我父亲在观想的幻觉里出现了许多米粒似的各色花朵，爆米花似的一朵朵打开，从地上不绝地往上浮。我们都认为这是有功德的事，这样的诵经有利于老娘的安息，通往轻松自在，归于大道。

做医生的表兄国华，从医院抢救开始就在，到老娘咽气，到晚上守灵，连在了一起。老兄弟伍国安，也赶来帮着我做事，一起为老娘守灵。彻夜不眠，于我不是常事，我一般都在后半夜上床，所以难见曙色。天快亮时，晨光一寸寸移来，续香，添烛，老娘在晨光里脸色如常，只是这一天已不再属于她。

中国古人读书吟诗其实都是“唱”的，不过是一个调子，佛经也是这样唱，还配了木鱼小鼓钹这样能发声的物件，于是句与句段与段之间皆有节奏，念的人便不会昏聩，听的人也觉得动听。无限重复地念经，从念演变成唱，神圣的句子便离开了意思，变成了一种形式，又化成了一种气氛，这种气氛是异样的，有干净悲悯的情绪，细听又木木地重复，并无心情在上面。

那个领头的腰板笔直，声音有些碎，嘴巴出奇地大，因此她的口形有独特的风格；那个扁脸年轻些的，声比别人高些，又有明显的口音，像是福建什么地方的人，然而异口同声念的都是同一经文，不偏不离，字字周正，气息也是一致的。我事后问她们懂不懂所念经文的意思，她们说不懂。不懂能念得那么好，很使我这个懂而不念的人惭愧。

我喋喋不休地为几位老兄详解《心经》，夜宵的时候，这些念经的老太婆便问起这些经句的意思，原来她们念经的时候并不妨碍耳朵听。我最近老是喜欢给人解经，发现许多人一听即懂，这些老太婆也不例外，几位老兄也不例外，为什么会这样？

天气已入夏，第二天我们把老娘的灵堂移至殡仪馆，还得继续念两天两夜的经。根据别人的指点，找来专门的公司联系接下去的一切事宜。这就很现成，我们要做的事情依然是守夜，念经的间歇上香，跪拜。有工作人员来问灵堂门楣上的称呼，不一会儿电子屏上显出红色的字样来：某某某老太灵堂。同志女士老太等字样是可以选择的，最合适的是老太。

老娘的老亲们至此都已赶来，在灵堂上大哭起来，我和念经的这帮老太婆赶紧劝阻，哭是没有用的，生老病死犹如春夏秋冬，是自然现象，哭是惊扰，安静祥和才是死者需要的。人死“我”还在，这样的境况活人无法体验，念经的意思是安慰指点。特别是对不相信意识不灭的人来说，一般会以为自己还活着，手足无措以为是陌生的梦幻，所以这个时候会极度迷茫错乱。好在我老娘不是，我知道她正在一旁静静地关注着我们，所以亲朋的和颜悦色平和安详很重要，能令她心安，会帮她进入另一个美好的境界。

十年前看过索甲仁波切的《西藏生死书》，是讲临终关怀的，我的这些观点都来自那本书。这本伟大的著作详细地介绍了人死后的状态，告诉你正确的做法，原著是英文写的，作者是西藏一位非常有名的活佛的传人。如果你不是一个把无知当理性的人，不妨找来看看。书中强调关键的七七四十九天，这跟我们民间自古以来的做法是一样的。

念经的老太婆们在凌晨两点结束了工作，我坐在老娘的旁边守灵，这个时候是人生中难得的安静时刻。我想起我六岁那年，和我老娘过一个山岗，风很大，到山顶的时候我站不稳，她拉着我的手。那时候她被打成右派，发配在荒村管一个供销社的代销店，那次是去配货，她挑着两坛老酒，腾出一只手拉着我，在大风中爬崎岖的山路。我在我的小说中有这样一句话：人在大风中不能呼吸，因为风是整块的。这体验就来自我六岁那年的山岗上，我记得有一阵子风急不好移步，老娘就拉着我支撑着站立。那个时候老娘满头黑发，人正中年，山岗下的海水是清的，浪花则雪白。那年月，我与老娘寸步不离，这么大老远的翻山过岗也要跟来跟去。如果那时候有人告诉我，四十多年后老娘会成为躺在我身边的现在这个样子，我是不信的。

天是一下子亮起来的，时光的晦暗除去，又见山清水秀。说实话，对老娘的死，我平静得一点悲戚都没有，这异乎常理。

丧礼极为烦琐，但乱而有序，管事的人都是自告奋勇，并不用指派，整个过程我就很被动。我有一大帮亲戚是农村的女人，她们个个都极为在行，做法上大同小异，在细节处会争执，这时候五六个女人会同时与你说话，强调自己的做法正确，我就默默地听，其实一句都听不清楚，但她们又不肯一个一个地说。丧事出奇得顺，悲而不哀，乱而不慌，天也阴而不雨。

老娘烧化的时候，我们一直送到炉前，我捧老娘的头把她移到炉台上，看着老娘变成一团熊熊的火。众人就在炉前等。许久之后，老娘移出来变成了一触即成灰的白骨，老娘成了灰，盛在一只沉甸甸的骨灰盒里。

我父亲对二十年前就买好的公墓不满意，希望树葬，为此我曾看上一棵二百五十年的老桂花树，后来说寻树也要寻故土的树，所以匆忙间将老娘的骨灰在殡仪馆暂寄存，只请灵回我家，在家做好法事，再送灵牌到老家祖堂归位。老家的祖堂早已有人做好羹饭等在那里，老家祖堂不久前我们刚合议出资在修，所以相比之下有些气派，而我父亲在老家辈分又高，以至论辈分叫我太公的人都有。

灵魂是有的，不然如何会有清醒明白的“我”。佛家没有鬼或灵魂一说，只是“真我”，不生不灭不垢不净不增不减。

石 鸭

老娘走了,这两天父亲开始整理一些衣物。从前找不到的东西,一样样被找出来。我父母没有丢东西的习惯,所以该在的东西都在。五十年前布票不够用,老娘一气买了二丈土布,那土布是一个老太婆用梭子自已织的,她媳妇挑到村里来卖,不用布票。这二丈土布一直压在箱底,也被翻了出来。最可观的是两千斤全国粮票,这个我前几年见过,老娘说,这是全家牙缝里省了多少年省下来的东西,没用了就丢掉呀?我舍不得。于是这粮票也一直留着。

今天下午父亲神秘地对我说,他终于找到了他找了好几年的宝贝,石鸭。

因我的影响,父亲突发奇想搞起了收藏。我常对他这样说,解放初期,你的工资是五十元五角,假如那时候你每个月买一瓶茅台酒藏着,四五十年陈的茅台如今上万元一瓶,而那时只要七八元。再假如,你那时购买土产大鱼胶,三元钱一斤,如今的市价每斤已上百万。我们家从前有过一条大鱼胶,我出生那年买的,一直贮在米缸里,是为了给我长身子的时候补的,我十六岁那年用酒化开蒸了给我吃。我的瘦弱就起因于此,那年我生病,虚不受补,吃后便被鱼胶胶住,起了反作用。

我这么说,看得出父亲听的时候很是怅然若失,于是他喟叹:唉,来不及了。

来得及的，四十年前是现在的从前，而现在，是四十年后的从前，放眼四十年，来得及的。那么，搞点什么藏藏呢？父亲后来想到了一个不用花钱的收藏，拣石子。分析了自己的鉴赏能力之后，他拣石子专拣象形的那种，希望找到如鱼如人如狗如羊的石头，努力了许久之后，终于让他拣回来一块像鸭子的石头，石鸭。我没见着那块石鸭，那年我出差出去半年，等我回来，父亲兴冲冲要向我展示他捡来的石鸭的时候，找不到了，石头被他藏丢了，他想藏得牢靠一些，不料牢靠得连他自己也找不到了。

我若不信，父亲是要发怒的，我只好信。于是，此后的近十年里，经常会听到父亲对这块石头的描述，石头被越说越大，而且，开始仅仅是有鸭嘴，像只烤鸭，后来鸭脚板也有了，眼睛，石鸭眼睛也有了，先是单眼后来是两只眼睛，会眨的样子。等到一年前，我父亲脑子里的石鸭，整个就是一只活鸭子了，但还是没找着。

父亲捧出一只一尺见方的锦盒放在桌上，我便纳闷，这么大的石头怎么会找了十年才找到呢？父亲把锦盒打开，从锦盒里拿出一只手掌大的塑料盒，里面是雨花石大小的各色石子。接着，父亲开始辨认翻找，半晌，小心地把一块铜板大小的白石头放到桌上，开心地对我说：喏，石鸭。

我仔细地正面看了看反面，问父亲：鸭头呢？父亲立即给我指出鸭头所在。眼睛呢？父亲拿过石头，戴上老花镜，寻来寻去，在一个地方用指甲使劲摁了一下，指给我看，这就是眼睛。我实在看不出这是鸭子，无奈中还用嘴咬了咬。一点都不像鸭子，只是一块很普通的溪石。可这块石头在我父亲眼里就是鸭子。

父亲问：像不像？我说：像。都惦记十年了，不像也是像的。藏得找不着是对的，这就很罕有。父亲说，他以后要把这石鸭送给我女儿，并且不告诉她像什么，让她猜。

九 仔

九仔是一只八哥，我女儿起的名字。有一年她过生日，问她要什么礼物，她说要一只鸟。正是涂鸦的年纪，小孩对色彩很敏感，我案头的一本《心经》，内页有一幅黑白的观音像，她用彩笔填莲花座，还用朱笔点了观音的眉心。于是我去给她买画眉。花鸟市场选了两只画眉几只翠鸟，小鸟的颜色有珠光宝气，灵活得一刻不停，这应当是她想要鸟的原因。

架子上有一只八哥，很黑地蹲在杆子上，看着我买画眉，突然说:你好！鸟说人话，相当于懂外语，它伸了伸脖子，又打招呼:你好。

买回来的鸟是这只八哥，没买画眉，还有一只精致的鸟笼，细竹子编的，金黄色，这样的笼子与八哥很配。鸟里面八哥算难看的，但它会说话，虽然只有一句。那时候我家有门廊，挂在廊下，正对一棵枇杷树，竹笆外的山也看得见，观风景很好的位置。女儿放学回来看到一只黑鸟，有些失望，我告诉她这是八哥，会说人话，并要求八哥说“你好”给她听，八哥不肯说，侧着头打量你。如果不说话，等于光买了个黑鸟。

三天里都不说，第四天早上女儿刚出门，八哥对着已关上的门说了声“你好”。事实是八哥熬不住不说话的，它也不嫌单调，一天里无数次说“你好”，看到狗猫都说，树叶子掉落也说，只要有响动它就说。有的及时还好，比如客人刚进门，它就马上打招呼，就受表扬，大多数时候不对节奏，迟疑到人走了，没了背影它才想起，才很嘹亮地“你好你好”，这就很乱来。

自从听到八哥亲口说话，女儿煞费苦心地为它起名字，我不知道为什么要叫九仔，估计是八哥而来的联想，那应当是九弟，也大约与她当时看的小人书有关。既然有了名字，九仔只会说一句话显然是不够的，我负责教九仔认人：老妈，老爸，姐，哈利。哈利是狗。女儿教它背唐诗：床前，明月，光……费了一个月劲，没有教会一句。无论什么话叫它背，背出来都是“你好”，厌烦了还要长叹息：“呵……”

鸟笼有一扇喂食的门，里面有两个瓷罐，一个用来盈水，一个用来装粟米，八哥的食物只有一种，粟米。水罐的水八哥不仅喝，还用来洗澡，含着一口水，把羽毛弄湿，然后用喙理，然后蓬松起毛羽颤抖，把水珠甩掉。

我觉得它已过了学龄期，不能再学新词了，毛泽东、蒋介石一生讲土话，也是过了学龄期才闯世界的缘故。不解的是九仔连自己的名字都没听懂，狗猫都是听得懂人喊它们名字的，可是八哥一直不懂。猫与鸟是天敌，对于笼子里的九仔，猫一直伺机把它捉来，一次一次地扑它的笼子，九仔不知恐惧，热情地与猫打招呼：你好。

春天来临，鸟最喜欢的季节是春天，枇杷树开始换叶，新抽的嫩叶粉绿，暖风，明朗的阳光，嗡嗡叫着的蜜蜂，地上的草静静地开花。九仔在笼子里很舒畅的样子，有一天心情大好，叽哩咕噜理羽毛，不经意间舌音一转说：雨伞洋伞修伐？卖米呵卖米哟，高压锅煤气灶修伐？

内行说，这鸟是一只老鸟，是人家玩腻了卖给花鸟店的，这鸟挂在阳台上，学会了小区里贩子的吆喝声。九仔想起了这些话之后，除了“你好”，多了换口的字句。八哥说长长的句子，脸会憋得通红。

养了九仔一年半，后来它逃走了。它大约用了半年时间把鸟笼的一根档子啄断，工程是在没人的时候干的，它应当策划过了，啄的是同一个地方，我们每天喂水换食都没发觉，它伪装得很好。越狱成功之后它并没有立即离去，停在屋脊上看我们的反应，看见我立即说：你好。我们站在院子里呼喊它回来，它就是不下来。

我把鸟笼清干净，把水和粟米装满，笼子的门张开着，等着它。我觉得它应该会回来，一直在笼子里养大的鸟是没有野外生存能力的，它不会觅食，就算会，也没有它吃惯的粟米。家鸽放出去千里都会寻家，鹰放出笼子去会停在主人肩上，八哥按理也会。九仔在屋脊停了两天，后来飞走。以下是我劝它下来回笼的一段话：

鸟儿九仔呀，外面世界也是笼子，你又飞不出天外去。你从小笼子逃出去，只是进了大笼子。小笼子你已经习惯，习惯就是安心，安心的地方叫作家，不叫笼子。逃出去看看外面的世界很好，看好应当立即回来，危险的生活衣食无着，你又身无分文，这叫不自由。世界的确很大，不是你的就会很小，小到你不能容身。你一只鸟笼子里学会飞的鸟，真是不知道世道凶险啊。

九仔没有听我劝。空笼子在廊下挂着，它没有再回来。

石头记

1984年春，沈家门渔港，滨江路靠近半升洞的一栋四层小楼，我住207。

那时的定海离沈家门非常远，以至我们单位需要在沈家门设办事处。设办事处就是在滨江路边造一栋楼，招待所模样，每个房间两张床，窗下一张三斗桌，隔窗望出去就是号称十里的沈家门渔港。

作为舟山人，我对鱼、渔民、渔场的认识，就在我二十岁前后的那三年，定海渔业指挥部。渔民跟着鱼走，我们跟着渔民走，每年的冬汛从北到南，十月份上嵊山，十一月中旬在沈家门，过年在大陈岛。沈家门渔港的热闹非同一般，风暴天，有数万条船进港避风，就在我们的门前，船排船，木壳的机帆船，船上飘着金黄猩红的锦旗，风猎猎，樯桅如林，机器声没日没夜响。

推开207的窗户，我们站着的样子就如检阅数万带船甲的雄兵。与我同室的老洪，常会一手端着套了塑料网套的酱豆腐空瓶做的茶缸，另一只手情不自禁地朝林立的千船万船挥挥手，挥得心热时会喊一声：出发！但人家并不出发。

渔港即商埠，从前沿海三省一市的渔民在冬汛云集弹丸之地的沈家门，造就出季节性的繁华，西横塘的名气是响彻沿海的。渔场的热闹是混乱，烂醉如泥的人，脚踏两只船小便，船一游移，人就从船缝中掉到海里去，浮不出水面，都是船底，这些我们都从窗口亲眼见过的。

冬至前后要从沈家门迁往大陈岛，我与老洪并不需要回家“整修”，就在半升洞留守。人去楼空，渔港也归于空寂，夜里下起大雪，冻得睡不着，两个人去各个房间搜被子，都来垫着，那一晚我垫了八床，他垫了七床，人要从写字台上站着才能跳进被窝里去。第二天醒来不肯起床，无奈尿憋得慌，老洪说，这样子温暖富贵，不要说是尿憋，就是枪来逼，我也是不起床的。那一次我们憋到吃午饭，屋外雪纷飞。

春天是小渔汛，沈家门可来可不来，那一年我觉得定海不如沈家门热闹，就要求待在半升洞。春天的港湾入夜就静悄悄，烂带鱼气息的沈家门味道，从港上吹来，我们七八个后生晚饭后沿港散步，争论是半升洞还是半身动，上半身动还是下半身动。一直以为这地方的名字应当是半身动，而且动的不可能是上半身。

老洪要戒烟，把打火机和香烟从窗口扔出去，又发毒誓说，从此之后谁发现他抽烟，可以把他的铺盖扔到街上去。叶建涛买来一塑料桶毛蚶，用热水瓶里的开水洗了五遍，洗干净时毛蚶已半熟，弄了枚硬币剥着下啤酒，算是晚饭，老洪才喝了一酱豆腐空瓶的啤酒，忍不住开戒，他的铺盖就被叶建涛扔在了滨江路上。

就在那一夜，沈家门地震了，后来说舟山都有震感，反正是“半身动”动得最厉害，老洪放在桌上的酱豆腐瓶跌地上摔得粉碎，他的铺盖又被扔在滨江路上，这次是他自己扔的。屋子刚一动，他就“啊呀”一声从床上跃起，一脚踏上三斗桌，踢开窗户，先把被子扔下去，大叫“地震”时，人已直扑被子跳出窗去。他就是那么敏捷，后来一直官运亨通。

由于老洪的示范，隔壁居民楼上有人嚷着探出头来看，隔一会儿也有几条被子零星地扔下来，虽然他们不知道为什么地震要扔被子。半小时后，滨江路上有了好几条被子，而路上都是惊恐叫嚷的人，大多穿着直条纹的睡衣。

两天之后，叶建涛吃完毛蚶跟我商量人生无常怎么办。怎么办？他说必须去旅游。去什么地方旅游？对港的朱家尖。朱家尖有什么地方可旅游？有个牛头山，山脚有一个高炮连，我表弟在那里当连长。

反正人生无常，第二天一早我们也没请假，就坐渡船到朱家尖的凉帽头。三十年前的朱家尖还没有开发，凉帽头在顺母涂。这是我第一次到朱家尖，顺母涂是多么孝顺的地名，顺着母亲不忤逆。叶建涛说，之所以在生死无常之际拉你来一起旅游，就是因为你有这样很奇怪的"想法"。朱家尖不是人人都知道有牛头山这个地名，那时没有手机也没有车，一路打听，走了三个小时还没找到牛头山，后来雇了一辆拖拉机，开上一条拉高射炮的部队修的山路，来到了牛头山炮连。

连长姓李，马上嘱咐士兵到海边去摸螺，那一晚摸了好多黄螺、芝麻螺和畚斗螺，啤酒随便喝，到夜里累极，在军营里枕着涛声很快就睡去。

军号比鸡叫响得多，一早就被叫醒，吃过早饭，这就要去旅游了。连长问：要旅游什么？看风景。这里没风景，平时半个人影也没有，有什么风景。这里怎么没风景？海水湛蓝湛蓝的，山青青，一眼看得见日出。连长笑了，这算什么风景，沈家门才有风景。沈家门也有风景？连长说：有，大姑娘。

没有风景那奇怪的东西有没有？地震了，我们老远跑过来，专门来你这里旅游，别的地方也不认识。奇怪的东西有，我们炮阵地上方有一块巨石，风吹会动，人推也会动，前两天地震大动不已，差点掉下来，司令部知道了这件事，命令我们一星期内打掉，这两天就动手，现在还在，可以去看看。

半山上凌空一块普陀山磐陀石那样的巨石，唐僧帽子形状，前面碧海青天无余，比磐陀石险峻开阔的一记奇石立着。我父亲爱石头，他把好石头叫作记，不叫块。而这块巨石是一大记，手指轻触就摇晃不正。这是块野石头，没有名字。三个人坐在石头下面，我对叶建涛说，我们不旅游了，立即回去，把石头保下来。

连长用拉炮车把我们送到凉帽头，我对连长说，就等我们一星期，军令如山，你也要等我们一星期。回到“半身动”的207，我给市政府写信：一，石头是不会掉下来的，因为几亿年都没掉，凭什么说如今晃几下就掉；二，这记石头的价值要抵得上十个炮阵地，应当挪炮阵地而留着石头。其时市里已在做朱家尖的旅游方案，这封信叶建涛当天亲送市政府，因为他有一个亲戚在里面做秘书。

司令部雷霆大怒，在牛头山炮连追查谁泄的军机，李连长解下皮腰带在手里敲着，喝令排着队的士兵坦白，谁把军令泄出去了。我于十五天后收到了市政府的感谢信。此后三十年，再没见过李连长，再没去过牛头山，也再没见过这块石头。找不到牛头山了，连方位都没记住，也没机会再去找。

叶建涛不久移民挪威去做木匠，也是三十年没见。那次旅游之突兀就像那块石头，之前与之后都是空着的，如果不是那场虚惊一场的地震，我们不会去那个听都没听说过的地方，那块石头也不会惹人注意而让人起打掉之心。一晃三十年过去，朱家尖如今已开发成5A级风景区，不知道这石头如今还在否？

鹊

两天拔掉了四颗牙齿，担心牙齿拔掉人会失忆。昨晚七点钟点着灯在沙发上假寐，不知不觉睡去，醒来已是下半夜，感觉特别亮堂，清醒得异乎寻常，记忆一下子深邃无底，无端地回忆起一个地方，清清楚楚，像是被牙齿压着的东西浮了出来，有些吃惊。

十五岁那年我得了一场病，病得很重，查不出病因。不是特别难过，就是虚弱，有时候会弱得昏过去，迷迷糊糊。那段病中的经历如今多数已经忘记，大概是，我父亲在一个很大的水库工地工作，这水库所在的下游山岙里有一家部队医院，我就到了那里治病。我父亲的一个老朋友就是这地方的人，姓谢，他的家就在医院对面三里地外的黄泥岙，看病期间我就在他家暂住，住了半个月。

黄泥岙二十几户人家，有一条溪，两个池塘，家家有竹园，这个村子的村风特别喜欢种桃李，因此路边屋前都开着桃花李花，每家还有一个习惯：都养狗，人未进村，小山岙里狗就群吠。

我极喜欢他们的家，谢家伯父是个农民，他家的园地很大，竹园一直连到山脚下，门前的果园不只种桃李，柿子柚子梨都种。大黄狗拴在柚子树下，泥地的大院子没有院墙，破盆碎缸里种着凤仙和大丽菊，矮矮的四五间瓦房，屋里屋外都非常干净。

我不知道她的名字，也一直没问，她比我小一岁，负责照料我，是谢家伯父的大女儿。她不好看，我现在能清晰地记起她的样子来。她很顺口地叫我哥，似乎我就是她家的哥，仿佛天生的亲切。在小孩的习惯里，我那时候的年纪，刚好是对小姑娘最反感的年龄，这种反感是对惶恐的反抗，惶恐在土话里是害羞的意思，因为已经懂事和向往，就要表现出一种“不在乎”，极端时会有对异性无端卑视的心态。我并不与她说话，虚弱得久立人会晃，脸苍白如纸。她无微不至，对于照料我这件事，我看得出她满心欢喜。

隔着一大片开阔的田野，村子的对面就是医院，有三里路，每次去医院都是她陪我去，路都是田埂，曲曲折折。她家有一把黄色的油布伞，油布伞是非常粗笨的一种伞，木头做的，粗黄布上涂了黄色的油，雨淋在伞上声音厚重，滴滴答答。她吃力地撑着这样的伞，还得扶我，脸就累得绯红，我还记得这张脸，脸上有雨水和汗珠。坐在路边歇一歇，有时会碰到她的熟人，熟人问这问那，她也不害羞，反而挺高兴。我就故意在她后面晃，她知道我的意思，就走几步回过头来看一看，离得远了，就会站在田野里等。人小小的，印花的夹袄梅红颜色，很旧，肩上扛着黄色的油布伞，田野非常干净，白鹅在田里低头吃草。

她好像天生不拘谨，也不以我病中的木讷沉闷为怪，仿佛以为我生来就这般样子。我每天坐在院子里晒太阳，没事的时候她会坐在石头上，告诉我梨树什么时候开花，桃树结的桃子有小碗大，她们家的小竹园是乌竹，长笋的时候笋是黑的。她也不问我的来历，也不打听我名字，只是对我好。晒太阳晒得口渴，她就给我一只橘子，橘子是温热的，病人不能吃冷食。橘子怎么会温热呢？或许天下有本就温热的橘子，那时我没心思想这些，每天都担心自己会病得没日子好过。

我是应该住在她们家里的，但翻出来的记忆里没有这样的细节。许多天后，她妈妈以为我这病不是病，是营养不良，就给我吃童子鸡。童子鸡是未下蛋的小母鸡，做法是整个盛在碗里加半斤酒半斤酱油，然后将碗放在铁锅里干烧，烧时用两斤稻草在灶下一绺一绺地烧，烧前木锅盖要在溪里浸泡，不然干锅久热，竹筋箍的锅盖会崩散。这鸡边烧边香气四溢，我在院子里坐着，烟囱里冒出的缕缕细烟散在竹园，香气就满院都是。我知道她在烧火，用一小把一小把的稻草喂火。不多时她把烧好的鸡端来，我有些感激，那鸡有酒香和酱香，还有很浓的烟火气。

我就这样平白无故地接受着这家人对我的好，后来似乎也没有人这样平白无故地对我好过，而病中的人心思木木，沮丧的时候多，不知道表达。有一次吃饭，她母亲开玩笑说，我女儿对你这么好，嫁给你算了。我竟万分窘迫，推却着，是愧受重礼般的那种推却，而没有想到男女事上去。他们都笑，她也笑，但笑得事关及己的不好意思。

我都忘记后来是如何离开她们家的，只记得我离开时她不在，想来应该是病好了，想来我走的时候，她有事出去了。

后来再也没见过她和她的家人，也可能是病的原因让记忆中漏了这件事。如今忽然记起，只是因为我拔掉了牙齿。

人的缘分就这么无端，现在见了她肯定想不起来，她也不会认得我这个人。想必她在后来慢慢变成了真实的村姑，嫁了人，又在竹林桃花的院子里烧童子鸡，或者是一身梅红的衣袄在雨中的田野中扛着油布伞。

祖宗树

这个村子叫彩屋，背靠舟山本岛第二高峰凤凰山。凤凰山是古名，如今叫作蚂蟥山，山顶是舟山的电视发射台。

彩屋也是几十年前的旧名，如今叫作明星村。村子前面是舟山群岛最大的水库，被水所淹的地方以及四面群山合围的这个区域，在舟山岛的中间偏西。史书所记，舟山市在唐朝始有县治，叫翁山县，翁山县城就设在这里，废墟依稀尚存。

千岛之城岛如群星，拱卫着舟山本岛，这里是舟山本岛最大的腹地。东海水浩渺，群岛浮在水中央，而岛中间最大的一方淡水就是眼前的这个水库。

彩屋户户桃李，家家翠竹。从前的彩屋杨梅名气很大，再早一些，这里以种桂花闻名，至今村子里百年以上的老桂树还有六七棵，这些树俨然村子里的长者，见证着岁月变迁，时光流转，依然年年开花，枝叶繁茂。

往前走，是条残缺的卵石铺着花案的小路，这是从前的古道，未造水库前这条路一直延伸到城里，我小时候曾走这条路进城去。五月里，路两边有高树开满紫色的桐花，而坡上的油茶是凤凰色的。过乱石墙，小路就入杨梅林了，这户人家在地边树下种了很多兰蕙，主人姓陈，他家屋后再没有人家，只有一口长满青苔的荒井，这井的水是满的。

井边的这棵树就是他们陈家的祖宗树，是棵千年丹桂。小陈是中学老师，他正在挖他父亲种的兰花，准备带几棵去送办公室的同事，让他们闻闻香。我在拜树，拜老树是我的习惯，五百年以上的古树我看见都会拜，假如活着就是阅历，这样的生命是寿者相，应当敬畏。

树是祖宗留下来的。陈家的祖宗迁居到这里，就种了这么一棵树。

这树有没有上千年不知道，没有人来考证，也没有人来上牌。

树干直径有没有两米没量过，树荫超过一亩是肯定的。

这些竹竿靠在树上是花季掸桂花的。祖宗树每年开花，秋天再来，会看到花开满树，整个村子都是香的。

银桂、金桂、丹桂，颜色次第浓重，丹桂的花色有微红，如赤金。舟山的古树是可数的，大多是香樟与沙朴，上千年的树普陀山只有一棵，是香樟，本岛没见过千年的树，这棵如果是，那是树的祖宗了，何况是棵丹桂，还年年满树繁花。

彩屋的陈家只有十几户人家，后人迁出去得多。舟山历史上有过两次海禁，明朝的洪武年间与清朝的康熙年间，每次海禁都有许多年，全岛居民被迁往大陆，所以舟山的历史是断的。海禁结束后，后代寻祖基，靠一辈又一辈口头相传的信物。

舟山有名的邻城王家，明初海禁离岛时，祖宗在院子里埋了一只石臼，后代就根据听说的上代的留言，最终寻来，在上百年的废墟里挖出石臼，再在原址定居下来，于是王家依旧是王家。这样的寻根仿佛只有汉民族有，祖宗、乡关、血脉，可以执着百年千年，梦萦魂牵。

陈家后代的信物就是这棵树，它被两次当作家的证信，在悠悠千年的岁月里，让子孙后代不迷失，再久再远依旧知道归家的路。根脉还活着，花每年开着，花香透过无数岁月召唤着，这种象征不多见，而这棵树就在我们面前，它就是祖宗。

一个小山村，卵石小路，老墙旧屋炊烟里，流水的溪，有四邻八舍，深深竹院几圃菜，还有这样的一棵树，祖宗树。

大德

岱山县摩星山的慈云极乐寺我去过好几次，有一次因大风暴雨还在寺中留过宿。那时候悟道老和尚还在，只是平素已不见生人，深居在寺中最里面的庵堂里。但我每次去，竟无一念想去拜谒他。我一直在寻找佛门中的德者，这就不可思议，现在想起来，可能并非无缘，是老和尚以为不必见，不能见，或者尚未可见。

六年前，八十五岁的悟公圆寂，海内外赶来的信众近四万，当时的普陀山方丈戒忍为之举火，烧化后得舍利三百余粒。悟公的弟子，十五岁出家的净友法师，当时已是慈云极乐寺的住持，是我的朋友，他曾邀请过我参加他师父圆寂后的法会，我有事未去。据说当时现场人山人海，舍利是佛门之宝，是求道有成的证信，现世见舍利，在佛门中也极为罕见。

悟公是岱山本土人氏，俗姓韩，由于母亲笃信佛教，他十五岁便剃度出家，一入佛门七十年。做过普陀山和国清寺的首座，晚年重修新昌大佛寺创建岱山慈云极乐寺，直到圆寂一直兼着新昌大佛寺的住持。1963 年出版的赵朴初的《佛教知识问答》一书，已把悟道法师称为当代高僧，书中配有悟公照片。悟公修行，每日过午不食，衣不沾床，就是一天素食两餐，晚上以打坐代替睡觉。平素慈祥寡语，谓之守口防漏，八十高龄依然凌晨三时即起，与徒众一起做早课，长年不懈。据说，现世的徒弟净友，悟公能认出他是自己前生的师父。据说，悟公讲经时，净友等弟子会在旁边给“小师弟”放一只蒲团，每次会有一条小蛇蜿蜒游来听经。

舍利子供在透明的净瓶中，共计十八颗，如银紫的珍珠。

山顶又有舍利塔，石塔中函藏着悟公大部分的舍利。山顶远望能四面见海，雨雾中山翠水静云生烟，寺在山顶千亩茶园边，新茶雾芽，满眼浮绿。

侄女婿

我小舅子的女儿，去英国留了三年学，为找工作回国，一个英格兰小子追到中国来了，在上海找了一份外教，正月里来他女朋友的爷爷家拜年。

白泉山下头，是我丈母娘家，这个地方我每年过年必来，已有近三十年了，我女儿也来了二十多年，只比我少两年，而这个英格兰小子今年也来了，这令我觉得十分有意思。我第一次来丈母娘家，也是他这般年纪，满眼生人，进门一群五六岁的侄子喊姑丈，脸惶恐得红到耳根。

这小子名叫司徒，白瘦而高，纯正的外国人，家里是英格兰牧民。侄女说，就英国的像咱们白泉山下头那样的地方，男人穿花格子裙吹风笛，牧羊，一般家里有几个山头共五百只羊。

据说他昨天一到下山头也有人叫他姑丈，是侄子只有四岁的儿子。姑的丈，姨的夫，姻亲的意思他根本就听不懂，自然不会脸红，倒是叫他姑丈的孩子缩到了大人身后，难为情极了，说这样的人只在电脑上见过，然后再不肯说话，为什么不肯说话，小孩说“嘴巴的电用光了”，手机游戏卡住那样。

我丈母娘家是典型的农家，今天来拜年的许多亲戚里，我二十多年还没认全。司徒在这样的地方斯文地坐着，我叫侄女把他叫过来让我认识下，侄女婿说“你好”。

看着他的众人都笑出声来，他也双手叠着跟着大家微笑。

会用筷子，众人又笑。还会吃花菜羹！

“开花的菜，花菜。”

“花菜。”

“蘸酱油，酱油。”

“……酱油。”

侄女说，他认为最高级的东西是饺子。

“……快，把饺子给他转过去。”

“有两三句中文好讲。”

“那当然，八哥教它几天，‘你好，再见，谢谢’也学得会的。”

“小孩说电脑里见过，外国人其实长得都差不多。”

“这就像人看一群羊，羊自己是只只认识的，但人看过去羊都一样。”

这些话司徒一句也听不懂，侄女还用舟山话回答姨妈姑丈的提问，不给他翻译。

饭后去上坟，拜我丈母娘的坟头。爬山，石桌子上香烛点起来，按长幼次序一个一个地拜三拜，轮到司徒，竟也拜得十分像。我二姨子此刻想到了母亲，眼圈红红的，说：妈母唉，你孙女婿也有了，还是个外国货……

姑丈公

侄子结婚是我丈人的大事，兴师动众的。世上最吃亏的人是丈人，把女儿养大给人做老婆。我发现丈母娘一般不是这样想，所以丈母娘对女婿的态度另样。全国的丈母娘都很精明，嫁女儿会联想起自己出嫁时，于是把自己一生的缺憾，都要预料在女婿头上。

我丈人人厚道，没有思考过我说的这些问题，反倒对我很客气。只是他孙子结婚时我晚到了半天，他埋怨说，只好老头自己写对联。民间婚礼有对性事的演绎，民间婚礼的荤，我见过最荤的是喝台茶。

这个习俗我丈人家那地方至今还保留。婚礼的最后一天夜里，新娘子要请婚礼的帮工喝茶，三张八仙桌搭一个台，众人把新娘的公公用彩粉煤灰扮一扮，公公坐台上，新娘端茶给公公让众人看。主题是公公要扮"爬灰"，然后要婆婆作陪。

我老婆舅半年前就担心这个喝台茶，但这样的上台露脸对他来说一生里可能就只有这么一次，而且把想都不敢想的事名正言顺地假设，能满足一下阴暗心思。

道具是灰和爬灰的耙，竹做的耙。众人逼新娘子说荤话，并拿着灰请公公扒，言词里要有挑逗，旁边逼的人会现场发挥叫新娘说。场面要弄得极其难为情，比真个爬灰还要不堪时，喝台茶就到了高潮。我老婆舅众目睽睽下，笑着装作羞涩状，用竹耙爬了一下他媳妇捧着的灰，神情动作都很慌乱。这时旁边同台坐着的婆婆，笑就在那爬时瞬间一冷，有无限忌防心思的流露。

爬灰自古就有，不过爬成的很少。

我当年第一次去丈母娘家，一脚刚进门，就有人叫我姑丈，我的脸一下子红了。姑丈和姨爹，凭的不是血脉，是姻亲，有随机性。只要做他姨的夫，姑的丈，就平白比人大了一辈。我对我自己的姑丈姨爹也是这么看，从前我姑与姑丈吵架，我就觉得他凭了见不得人的东西，占了姑的便宜不说，还要让人小他一辈，总是不值与不配。所以当我自己被别人叫姑丈时，心头是吃惊的。

人和事这样看，玩笑似的。

叫我姑丈的小孩结了婚，他也做了姑丈。接着又有了孩子，于是我做了姑丈公。因为隔代，做姑丈公反而比做姑丈心安理得些，软绵绵的小孩抱过来四目相对谁也不识谁。小孩子拉泡小便在我怀里，这是做个记号，算是有了“亲”的气味。

月 明 明

这是六岁时听来的一直没忘记的一则故事。

水是可以喝的，路是用来走的。炎夏时节夜里凉快，白天憩息，夜里赶路。下半夜起他爬这个岭，爬到山顶才天色发白。山顶有一个老头树下坐着，前面放着一只竹篮。见有人过往，就吆喝：买主来得早，五更新鲜货。

竹篮空空，老翁你卖的是什么货色？

话，二两银子一句，早上开张对折，一句闲话只要一两银子。

什么样的话这么贵？

有意思的话，刚想出来的，透骨新鲜的闲话。

没听说过话可以卖钱。

那是你一辈子都没碰到过卖话的人，如今让你碰到应当买一句试试。

真是平生头次碰到，稀奇得很。

那试试？

试试。

真话难得，不是每天有机会碰到。

那好，买一句。

“人家的钱是人家的，自己的钱是自己的。”

这话也值一两银子？

值的，不要忘掉，揣着就值。

第二天又去赶路，半夜来到一个渡口，野渡无人舟自横，喊了半天喊出一个人来，又是那个提空竹篮的老人。老头一见呵呵笑了，原来是熟客，熟客可以打折，我话还没有卖完，你再买一句如何？不买了，我要过渡。这渡没有人，你要到前面去绕。

沿河往上走，老翁在后面喊：买了一句买第二句可以配对，不然你那揣着的一句很是孤单。想想也对，既然买了头句，不妨再买一句。回头客还是对折，一两银子，听好：

“人家老婆是人家的，自己老婆才是自己的。”

第三天太阳下山起了雾，刚一上路，提篮子的老头迎面走来。已经很熟，老翁把他拉到一家小酒店，说上路还早，难得老主顾，应当喝两盅。这一喝喝到月明星稀，老头说货色只剩下最后一句，处理给你要不要？

按理送你也可以，但话这东西不同于其他货色，没付过钱人就不会当它是真货。

这是对的，还是一两银子，剩下的这句也买了吧。已买了两句，也不缺这一句的钱。

老翁说，你后生爽气，我交你这个朋友，所以必须关照你一声，这三句话不要转卖给别人，千万自己藏好，也别丢了。你附耳过来，别让人听去：

“月明明无灯不可独行。”

这一晃一年之后，夜行人还是行色匆匆在赶路，他投奔的人没有了下落，就又千里迢迢往回赶，衣履破败，身无分文。这一天他走得饥渴难耐，探身在溪沟里喝水，发现路边有一个很大的包袱，打开一看是一包袱金子。夜行人大喜，心想天不绝我，送我横财。

背起金子走时，他想到了买来的第一句话，这非同小可，花钱买来的话是必须用一用的。人家的钱是人家的，自己的钱是自己的。

他坐在溪边守着包袱等，直等到第二天中午，路上跌跌撞撞来了一个瘦人，一看就是丢金子的样子，瘦人一见金子抱着大哭，哭毕一把拉起夜行人回家，结拜了兄弟。瘦人收留了夜行人。瘦人是开碗窑的，能烧秘色瓷，这笔黄金就是一船“雨过天青云开处”的所得。

夜行人有这样的忠义，瘦人自然处处倚仗，视为兄弟兼心腹。不久，夜行人混得改头换面，得意起来。兄弟瘦人做的碗就是金银，金银就是碗，富甲一方，可所谓人无全福，身有暗疾，他是阳痿。子女自然没有，他也没有三妻四妾做排场，只花足心思与钱财娶了一个绝色的老婆充门面。瘦人对老婆很好，除了男人什么都依得。

结拜的兄弟生性旷达，又一表人才，女人见了不由得心生喜欢。有一夜，女人来到夜行客的房间，除去衣衫来要他，这样子的灯下美人，激得他魂飞魄散。正无奈时，他想到了买来的第二句话，就坐下喝了一盏茶，细细把女人打量后，踢开房门夺路逃走。

瘦人从此多了心，人变得更加瘦削，最后忍耐不过，起了恶意。他把兄弟在月夜约到窑上，兄弟如约，出门时抬头皓月在天。月明明无灯不可独行。夜行客寻灯之间，瘦人猛然觉得不能对兄弟下手，就赶去窑上，设伏的下人以为是夜行客中计，就把他推进碗窑里。

老了的夜行客有一天正在月下纳凉，提着空篮的卖话老翁又来了。夜行客纳头就拜，老头慌忙把他扶起，说：拜什么拜，我们是公平买卖做生意，你不欠我，我不欠你，倒是现在别人的钱成了你的钱，别人的老婆成了你的老婆，我有两句话没说准，货色质量不好可以退，所以这二两银子还你。

桃 生

2000年，我大把大把地花钱买草，开始是拿一把竹椅午后坐在门口，等山上挖了兰花的人下山，后来干脆等在山脚下，剪径般勾当，半道就把兰花收了。桃生是独行客，他上山寻兰喜欢一个人，那时候他和他的湖南老乡都被我们教会如何寻兰花，他们因此都改行，专业在山上找草，倘若运气好，挖到一棵奇花异草，会抵得上几年的收入。满山的兰草中，隐匿着奇花异草，这是异数，兰圈子以外的人没法知道，人们只会惊诧一草千金，不知就里，我们自然也犯不着让圈子外的人知道这些。但桃生他们知道。

沅水在湖南，桃生他们都来自那个叫古丈的地方，鸡犬相闻的村邻，千里迢迢一起来岛城打工。他们说他们的家乡离传说中的桃花源不远，但不知道陶渊明，只知道出了个宋祖英。他们的山上也有兰，是不香的兰花。春兰是择地而香的植物，日本、朝鲜也有春兰，皆不香，有些地方的兰草甚至是臭的，能幽香的兰花，只产于江浙，其他地方的兰香，或浓或浊或甜或腻，都不正。这个不足与外人道，江浙的兰人自己知道就可以了。兰市在2006年疯了时，有气味的都被称之为香兰，这个传承了上千年的古老行业，就离消逝不远了。兰是香道最上乘，但不属于香道。兰人如我这样，是不屑香道的。

院圃皆花的一个月，兰花盆盆生香，我家自己是闻不到兰香的，

"处芝兰之室，久而不闻其香"，不会惊异也不会太欢喜，甚至都想不起邀些雅人来闻闻，寻常不过的事物，觉得没缘由炫之于人。十余年，我没办过一次兰会，偶尔有客人恰巧来，便折一朵兰花于茶杯中添些香。

桃生长得像电视机里唱歌的阿宝，比阿宝更黑些，他运气差到一直挖不到兰花，又不会弄些似是而非的东西换几个钱，是这一群挖兰人中最窘迫的。他内向，遇到惊喜事只眼里闪一下，瘦瘦高高很敏捷一个人，寻兰比不上他十四岁的侄子。

"桃生哪，这可怎么办？"我这样为他发愁，他听到会笑着蹲下去摸一支烟放在鼻子下面闻，并不点燃。桃生在山上给我寻来一些灵芝，群岛山上的野生灵芝比兰草多，硬如朽木，我常将烂透后的灵芝掺一些到土里作兰土用。灵芝种兰并不能使兰更滋茂，不过是突发奇想，但对兰草也无害，有人看我这般，以为是莳兰秘技，我故作支吾，意在让人向桃生买灵芝，可人家都上山自己去采，山上倒下的枯松枝上，这种东西很多。

桃生老婆的脸色十分难看，这个女人再这样下去会克夫，我的呵斥她也不怕，人又越来越肥胖，我找了一户人家让她给人做保姆去了，省得每天在眼前晃来晃去的。

桃生一个人了，不用再租出租屋，我山上的旧兰园有三间破屋，替我管园的老友重芳逃走后一直空着，倒了一间还有两间，锁着门找不到钥匙。桃生怕鬼不敢一人独住，揪了一帮老乡，用斧头把门劈开，住了进去。住家的东西都是现成的，尤其是碗，是我好多年前收古董收来的旧货，后来发现青花都是假的，但民国的红花碗都是真的，画着桃花美人式样，并不宝贵，就都拿了去给重芳用，桃生他们去后也用这个碗。重芳替我管园三年没洗过碗，说是下一顿又要吃的碗上一顿洗净是多此一举。桃生的碗是洗的，拿到园边的溪沟里去洗，叮叮当当。

“桃生，这都是古董碗，尽量不要给我打碎。”桃生说好的。后来果真一只都没打碎过。他们这些人每天都在屋角的野山桃树下小便，那棵大桃树春天花便开得极繁，阳光好的天气要顺风坐在上首，否则骚臭味满院子可闻。

这一年春天多阴雨，山中湿寒，院子里的缸灶派上了用场。缸灶是重芳做的，就是日常的咸菜缸在下面敲一个窟窿，要敲得十分好，正好做添柴的灶洞，缸口坐一口大铁锅，这就是灶了。山上枯枝拣之不尽，尤其带松脂的枯松，烧起来呼呼作响，火极旺。桃生他们每天围着这个缸灶取暖炖菜，望着屋外绵绵不绝的冷雨，盘算天晴后上哪座山。

有人取笑桃生，老婆在人家家里，说不定早已被人卖掉。他们最喜欢说的是卖到了妓院里。桃生便挪挪屁股十分自信：没人要的。

弄到好东西一般都在晚上煮，桃生他们会打电话叫我上山。雨晴时缸灶挪到院子里，旺火中寒夜的冷逼出酒一样的烈，他们在锅里加了很多辣驱寒。有一天他们山上弄到一只小野猪，我带了一些白酒去，锅里除了野猪肉还加了很多他们认识的山上可吃的东西，桃生还放了一朵灵芝，灵芝没味的，汤辣得发红，他们做的是湘菜。我一点辣都不能碰，桃生割了一大块野猪肉给我在火里烤，吃到半夜，吃得脸上都是汗。吃完也去桃树下小便，发现桃花只有朝火光那边是红的，其余朵朵都如纸上的墨点般暗。

春天其实不明净，每年春天好像都十分劳碌，安下心来的时候不多，大多数花开的日子都在阴湿的雨中，蜡梅、迎春、油菜花这些黄色的花，尤喜开在雨地里，所以每年的春光都是被辜负的。等到五月来临，记忆里才会有刚过去的春天的印象，这时候念头中的春天已略去了冷，略去了湿，又略去了混浊，变得清明起来，仿佛这时才显出桃红柳绿李花白的样子，人忘记了泥泞、冷雨、嘈杂的气味，以及那些不明朗的心情。

从前的每年春天我都会生病，春天就是病中的感觉。后来听了一首歌，唱道："艳阳天，艳阳天，桃花如火柳如烟。"于是想了想，觉得春天还是美的，于是作来年打算，要去踏踏青，要去婺源看油菜花，甚至在酒后狂言要种十万棵桃花。如今我不喝酒了，真实感触到的是，那些春天里脚踩踏过的冷草、碎花以及满眼的碧绿。

桃生他们后来换了另外的营生，一下子都不见了，既不知道去向，也没有他们的电话。不采兰了，他们觉得没有了再上门来找我的理由。今年的这个春天与桃生他们那年的春天很像，也是这么冷，不知道如今他们好不好。

堂妹

我父亲有一兄一弟，三个都是火气大的人。让他们一起待上半天，就会吵架散场。我叔父来我家吃饭，看见桌上老酒只有一斤，扭头就走，第二天一早翻山越岭赶来，清早敲门，是一晚上越想越气，来补骂的，声言从此再不会上门来。但隔不了多久又会来，老气浑然忘却，要生也生新气。三兄弟一喝酒，情绪就激昂，开始亲得不得了，接着各自吹牛，到后来相互责怪，气呼呼地散伙，每次都这样。

我有两个堂妹，分别是伯和叔的女儿，我们仨同岁，她俩都比我小几个月，不住一个地方，所以从小只是认识，知道名字，只在年节时跟着大人相聚。年节都是好日子，我就以为她们一直都过着年节似的好日子，相较之下，我的日子跟她们有差距，因此孤傲着有些冷漠，不怎么与她们来往，她们对我这个堂兄也是疏远的，小时候彼此所知都只是听说，听说的一般只有大事，但她们小时候没有大事，我对她们的了解都是支离的。

阿宁是叔的大女儿，我曾料定阿宁会是老花家最有出息的人物，漂亮精灵，人黑黑的，喜欢当老大，家里弟妹她都差使得骨碌转，心热起来有气概，脾气暴躁，与各色人等打交道，毫无障碍。有一年叔的家里种了半山枇杷，果熟时，招呼我们去吃。枇杷在梢头，黄黄绿绿，我们就一棵树一棵树地挑着摘，香、糯、甜都很饱满的枇杷一树只有少许，阿宁指挥弟妹爬树，赶猴子似的。

阿宁家的门前有水塘，我对这个水塘印象深刻，每次去她家，总看见她在这水塘里洗芋艿，芋艿做的羹，是让人记住冬天的食物，会唤起对寒风凛冽、天色阴沉的日子的记忆。阿宁洗完芋艿轻快地站起来，一荡竹篮，甩去篮底的一溜水。

阿宁十七岁时遭遇了一场大变故。造水库，她去做小工，中午去帮人家的忙，被卷扬机卷走了双手。后来经过无数手术，勉强七扭八弯地接牢了一只手臂，只有两个手指能动，仅是简单的生活能自理。没有手的阿宁性情依旧，该说该笑仍然如故，好像手这东西，对她来说本就可有可无。如今她会用左手两个手指写字，劳动能力只要不靠手，一样都没丧失。

阿宁没有手也可以开店，鞋子都倒在地上，像是大澡堂的门口。买鞋的来了，码和左右脚要自己寻，钱也要顾客自己找，阿宁坐在钱箱旁与买主聊天、参谋、指点。这样买鞋可能有快感，顾客会觉得这鞋好像是白捡的，因此生意就很好。这么能干的阿宁自然也有人喜欢，但她要别人做上门婿。后来阿宁果真“娶”来了丈夫，不久也有了孩子。这些年她自食其力日子过得还算小康。后来儿子去当兵，二十出头就复员回乡，带回来一个姑娘，是当兵时的女战友。

阿宁就带着儿子、未过门的儿媳以及老公和亲家母，在芙蓉洲路开了一家小饭店，生意非常好，儿子掌勺，媳妇做服务员，亲家打杂，她做总管，以指挥为主。她又派发名片让老公给人上门洗空调。她还有空闲做安利。在她眼里我身上所有的不足都是因为没吃安利，让她顺着意思讲下去就没完没了，不胜其烦。她说她安利做得比饭店好，关键是自从做了安利，她找到了自己的精神归属，人生变得有意义。

有一天阿宁打电话来，说清明快到了，她给我家老头她的伯父念了几堂经，叫我去拿。我正好懒得烧晚饭，就顺便到她的饭店去吃。一进门就跟她说好了不能说安利，她说老花家出了人才，她料不到我的书写得那么好，这些日子她连安利的书都没在看，我的书她必须看，她好奇里面写了些什么，尤其是有没有说她坏话的地方。

江萍是伯父的女儿，我叫她“缸瓶瓮”，方言里“江”和“缸”是同音，既然都有了“缸瓶”，就干脆再来个“瓮”，后来大家都叫她“缸瓶瓮”，她也笑眯眯地应。伯父的家是老房子，有地板搁板，家里有旧木头的陈香味。伯父的家不常去，最深的记忆是堂兄结婚，一大群小孩都挤在阁楼里，灯是雪亮的，张灯结彩，真个有大喜日子的感觉。

夜里，要给祖宗在祖堂的牌位上点的香续香，派了我和堂妹一起去，祖堂与家里有半里多路，这一路的幽黑少见，两个人跌跌撞撞地跑，怕祖宗在身后跟着。身后脚步踢踏响，跟着的是堂妹。这一路跑得出汗，回到家里我对她说：你有些像鬼。她眯眯笑，笑得十分怪异。

堂妹后来学裁缝，手巧得远近闻名，人又长得美，裁缝铺里，每天挤满后生，可是她婚姻一直不顺利。她十八岁那年成了肚仙（巫），变成了“赵先生”，稍有名气的时候，弄得太过分，人家“赵先生”不要她的外壳了，但她上了瘾，就装模作样，被家人捉去精神病医院医了一年，出院后她偷偷跟我讲，她现在是“神仙”八成，还恐吓我，如果我做一件坏事，保佑我的菩萨她会立马叫他们撤走。

肚仙就是巫，一般的巫我是见过的，大多是老太婆，忽有一日有游魂进入了肉体，就知天知地的。有一个八十几岁的村婆，平时广播都听不懂，突然来了游魂时，口吐白沫浑身颤抖，变成了“大夫张先生”，“张先生”说话是男音，一口山东味的普通话，讲着讲着，到药名变成英语。张先生就经常在村婆的躯壳进进出出。

堂妹的“肚仙”不是游魂，是她有一天突然开了“窍”，不停地跟人念叨她给人治好病的例子。堂妹就这样被又送到精神病院。她也不吵不闹，只笑眯眯地对人说：你们这些人，我没有病，有病的是你们。因为与常人差异大，家人开头是担心的，后来也就习惯。堂妹辟谷，可以半个月不吃东西。

去年碰到她，吃了一惊，无端眉心长了一颗痣，五十岁的人，两年半不见，嫩得二十几岁人似的，唇红齿白。我说：莫非老花家要出神仙了？她又眯眯笑。我说这样，你如果能让我牙齿半年内重新长出来，到时我立马拜你为师傅。

堂妹正色说：你休想，这是不可能的。

梅 香

名字叫梅香的人不知有多少。我熟悉的梅香是个老太婆，我应当叫她姑婆。她是小脚，穿一身黑色的纺绸衫裤，头发是绕绕头，提着一只大红京漆的马桶，马桶的环是紫铜做的。这是我第一次看到她的情景，我有些难为情，她看到我惊诧地笑着打量，嘴里露出两颗很亮的金牙齿。这是有钱人的打扮，有的确良以前，纺绸是夏天最凉爽透风的布料，梅香姑婆的纺绸衫裤上印有暗花，寿字纹。

寿字有一百多种写法，都是为了长命的人挖空心思想出来的。想长命是怕死的一种，把“寿”字暗暗地印在布上做衣服穿身上，是很低调地怕死；大张“寿”字挂中堂，供上香烛祝寿的，是高调地怕死。人在五十岁之前一般不会想到死，年纪一老就会经常想到。老年人最关心的事情是做坟，还有棺材是否买了料板。梅香姑婆的寿材早就做好放在床后面的房间里，每年她都叫漆匠刷一度漆，棺材六七年间被京漆刷下来，黑紫的漆色锃亮厚重，她会经常去看一看，掸掸棺材上的灰。

绕绕头是从前老太婆们唯一的发型，头发贴着头皮往后梳，在后脑勺挽一个髻，用一枚黑色的木扣把髻盖住。梳绕绕头，用槿树的刨花水敷头发，头发纹丝不乱，也是锃亮的。

关于纺绸衫裤，我记得这么一个故事。从前有个有钱男人得了梅毒，穿着纺绸衫裤在路上走被雨淋了，很薄的纺绸就粘住了身子，杨梅疮就很明白地映了出来，他难为情，就用头上的礼帽把那地方遮着，落汤鸡似的赶路。这故事原是说纺绸布料子的薄的，但我老把这事与梅香姑婆的老公作联想。梅香年轻时嫁的男人是个有钱人家的公子哥，纨绔就是纺绸的样子，后来家业败尽，老公死了。梅香还很年轻，回了娘家，就这么孤老了，独住在祖堂后面一间屋里，一边做针线绣花，裁鞋样纳鞋底，一边晒太阳，架着副老花镜从镜片后面看过路人，认识的打几声招呼。

太公说，梅香年少时是一枝花，有钱人家就来折，这婚姻原就不般配，没有门当户对。生女孩太漂亮对一般人家不是福，以为漂亮也是有出息，实在是错了。太公怕女儿嫁过去让富贵人家看轻，卖屋卖田办嫁妆，梅香姑婆的嫁妆挑着有一里长，最醒目的是那只京漆的红色马桶，山路上老远看，飘飘荡荡，红得像一面旗。家破人亡后，梅香回娘家时把没变卖的嫁妆搬回来一些，其中就有那只马桶。

梅香姑婆没有生过孩子，过继的也没有。后来她得了糖尿病，就自己寻药医治，她经常会觉得某一种草可以治她的病，就把这样的草采来，放在饭里煮。她还把四时的花摘来泡茶，希望能治好自己的病。大凡一些奇怪的东西，她都要当作药来试一试，如墨鱼骨头，黄鱼石子，她都当药试过的。有一样东西她一年四季都吃，这东西是玉米须。玉米须其实就是玉米的花，玉米穗头一束须，每一粒玉米都长着一根须到外面，红的玉米长红须，白的玉米长白须，黄的长黄须。她把这些须从玉米地里弄来，晾在檐下。吃法也是古怪的，她把屋上的瓦片用火烤，把玉米须放在瓦片上煅成灰吞下去。太公为梅香卖屋卖田地败家，梅香难免被好几代人埋怨，尤其是娶进来的媳妇们，个个都对梅香有些恨，而梅香又每天都会看见，梅香就让她们看她如何吃瓦片上的灰。

京漆的马桶，梅香姑婆每天早上要拎出来一次，每年漆棺材时她会叫漆匠把马桶也漆一遍，于是这马桶历久弥新，红得仿佛夜里可以当作灯笼使。梅香姑婆死后，这只马桶没人要，被扔在一棵梅树底下，不久就崩析了，从此那棵红梅不再红，开出的花白里透着绿。有一年我剪了一枝与筷子一起插在地里，那个春天真的繁密极了，筷子抽了活竹，梅枝也抽成了活树，花也是绿白的。

红梅不再红，因为再红没意思，想红也是惭愧的。

图书在版编目（CIP）数据

心安之处是故乡 / 花如掌灯著. —北京：北京联合出版公司，2018.6

ISBN 978-7-5596-2025-5

Ⅰ.①心… Ⅱ.①花… Ⅲ.①散文集－中国－当代 Ⅳ.①I267

中国版本图书馆CIP数据核字（2018）第082962号

心安之处是故乡

作　　者：花如掌灯
责任编辑：宋延涛
特约编辑：赵　瑜　张　强
封面设计：Metis 灵动视线
版式设计：张立波

北京联合出版公司出版
（北京市西城区德外大街83号楼9层　100088）
北京旭丰源印刷技术有限公司　新华书店经销
150千字　960毫米×640毫米　1/16　16.5印张
2018年6月第1版　2018年6月第1次印刷
ISBN 978-7-5596-2025-5
定价：35.80元